Georg Büchner

Leonce und Lena

Studienausgabe

Herausgegeben von Burghard Dedner
und Thomas Michael Mayer

Philipp Reclam jun. Stuttgart

Ein »Lektüreschlüssel für Schüler« zu Büchners Lustspiel *Leonce und Lena* liegt unter Nr. 15319 in Reclams Universal-Bibliothek vor, eine Interpretation ist enthalten in dem Band *Georg Büchner* der Reihe »Interpretationen«, Universal-Bibliothek Nr. 8415.

Universal-Bibliothek Nr. 18248

Ausgabe mit Genehmigung der Akademie der Wissenschaften und der Literatur, Mainz
Gesamtherstellung: Reclam, Ditzingen. Printed in Germany 2003

ISBN 3-15-018248-4

www.reclam.de

Inhalt

Leonce und Lena.

Ein Lustspiel.

Vorrede.

Alfieri: „e la fama?“
Gozzi: „e la fame?“

Personen.

König Peter vom Reiche Popo.
Prinz Leonce, sein Sohn, verlobt mit
Prinzessin Lena vom Reiche Pipi.
Valerio.
Die Gouvernante.
Der Hofmeister.
Der Präsident des Staatsraths.
Der Hofprediger.
Der Landrath.
Der Schulmeister.
Rosetta.
Bediente, Staatsräthe, Bauern, etc. etc.

Erster Act.

„O wär' ich doch ein Narr!
Mein Ehrgeiz geht auf < >eine bunte Jacke."
Wie es Euch gefällt.

Erste Scene.

Ein Garten.
Leonce (halb ruhend auf einer Bank).
Der Hofmeister.

Leonce. Mein Herr, was wollen Sie von mir? Mich auf meinen Beruf vorbereiten? Ich habe alle Hände voll zu thun. Ich weiß mir vor Arbeit nicht zu helfen. Sehen Sie, erst habe ich auf den Stein hier dreihundert fünf und sechzig Mal hintereinander zu spuken. Haben Sie das noch nicht probirt? Thun Sie es, es gewährt eine ganz eigne Unterhaltung. – Dann, sehen Sie diese Hand voll Sand? – (er nimmt Sand auf, wirft ihn in die Höhe und fängt ihn mit dem Rücken der Hand wieder auf) – jetzt werf' ich sie in die Höhe. Wollen wir wetten? Wie<*v*>iel Körnchen hab' ich jetzt auf dem Handrücken? Grad oder ungrad? Wie? Sie wollen nicht wetten? Sind Sie ein Heide? Glauben Sie an Gott? Ich wette gewöhnlich mit mir selbst und kann es tagelang so treiben. Wenn Sie einen Menschen aufzutreiben wissen, der Lust hätte, manchmal mit mir zu wetten, so werden Sie mich sehr verbinden. Dann – habe ich nachzudenken, wie es wohl angehen mag, daß ich mir einmal auf den Kopf sehe. – O wer sich einmal auf den Kopf sehen könnte! Das ist eines von meinen Idealen. Und dann – und dann – noch unendlich Viel der Art. – Bin ich ein Müßiggänger? Habe ich keine Beschäftigung? – Ja, es ist traurig ....

Hofmeister. Sehr traurig, Eure Hoheit.

Leonce. Daß die Wolken schon seit drei Wochen von Westen nach Osten ziehen. Es macht mich ganz melancholisch.

Hofmeister. Eine sehr gegründete Melancholie.

Leonce. Mensch, warum widersprechen Sie mir nicht? Sie haben dringende Geschäfte, nicht wahr? Es ist mir leid, daß ich Sie so lange aufgehalten habe. (Der Hofmeister entfernt sich mit einer tiefen Verbeugung.) Mein Herr, ich gratulire Ihnen zu der schönen Parenthese, die Ihre Beine machen, wenn Sie sich verbeugen.

Leonce (allein, streckt sich auf der Bank aus). Die Bienen sitzen so träg an den Blumen und der Sonnenschein liegt so faul auf dem Boden. Es krassirt ein entsetzlicher Müßiggang. – Müßiggang ist aller Laster Anfang. Was die Leute nicht Alles aus Langeweile treiben! Sie studiren aus Langeweile, sie beten aus Langeweile, sie verlieben, verheirathen und vermehren sich aus Langeweile und sterben endlich aus Langeweile, und – und das ist der Humor davon – Alles mit den wichtigsten Gesichtern, ohne zu merken, warum, und meinen Gott weiß was dazu. Alle diese Helden, diese Genies, diese Dummköpfe, diese Heiligen, diese Sünder, diese Familienväter sind im Grunde nichts als raffinirte Müßiggänger. – Warum muß ich es grade wissen? Warum kann ich mir nicht wichtig werden und der armen Puppe einen Frack anziehen und einen Regenschirm in die Hand geben, daß sie sehr rechtlich und sehr nützlich und sehr moralisch würde? – Der Mann, der eben von mir ging, ich beneidete ihn, ich hätte ihn aus Neid prügeln mögen. O wer einmal jemand Anderes sein könnte! Nur 'ne Minute lang. Wie der Mensch läuft! Wenn ich nur etwas unter der Sonne wüßte, was mich noch könnte laufen machen.

(Valerio, etwas betrunken, tritt auf.)

Valerio (stellt sich dicht vor den Prinzen, legt den Finger an die Nase und sieht ihn starr an). Ja!

Leonce (eben so). Richtig!

Valerio. Haben Sie mich begriffen?

Leonce. Vollkommen.

Valerio. Nun, so wollen wir von etwas Anderem reden. (Er legt sich ins Gras). Ich werde mich indessen in das Gras legen und meine Nase oben zwischen den Halmen herausblühen lassen und romantische Empfindungen beziehen, wenn die Bienen und Schmetterlinge sich darauf wiegen, wie auf einer Rose.

Leonce. Aber Bester, schnaufen Sie nicht so stark, oder die Bienen und Schmetterlinge müssen verhungern über den ungeheuren Prisen, die Sie aus den Blumen ziehen.

Valerio. Ach Herr, was ich ein Gefühl für die Natur habe! Das Gras steht so schön, daß man ein Ochs sein möchte, um es fressen zu können, und dann wieder ein Mensch, um den Ochsen zu essen, der solches Gras gefressen.

Leonce. Unglücklicher, Sie scheinen auch an Idealen zu laboriren.

Valerio. Es ist ein Jammer. Man kann keinen Kirchthurm herunterspringen, ohne den Hals zu brechen. Man kann keine vier Pfund Kirschen mit den Steinen essen, ohne Leibweh zu kriegen. Seht, Herr, ich könnte mich in eine Ecke setzen und singen vom Abend bis zum Morgen: „Hei, da sitzt e Fleig' an der Wand! Fleig' an der Wand! Fleig' an der Wand!" und so fort bis zum Ende meines Lebens.

Leonce. Halt's Maul mit deinem Lied, man könnte darüber ein Narr werden.

Valerio. So wäre man doch etwas. Ein Narr! Ein Narr! Wer will mir seine Narrheit gegen meine Vernunft verhandeln? Ha, ich bin Alexander der Große! Wie mir die Sonne eine goldne Krone in die Haare scheint, wie meine Uniform blitzt! Herr Generalissimus Heupferd, lassen Sie die Truppen anrücken! Herr Finanzminister Kreuzspinne, ich brauche Geld! Liebe Hofdame Libelle, was macht meine theure Gemahlin Bohnenstange? Ach bester Herr Leibmedicus Cantharide, ich bin um einen Erbprinzen verlegen. Und zu diesen köstlichen Phantasieen bekommt man gute Suppe, gutes Fleisch, gutes Brod, ein gutes Bett und das Haar umsonst geschoren, – im Narrenhaus nämlich, – während ich mit meiner gesunden Vernunft mich höchstens noch zur Beförderung der Reife auf einen Kirschbaum verdingen könnte, um – nun? – um?

Leonce. Um die Kirschen durch die Löcher in deinen Hosen schamroth zu machen! Aber Edelster, dein Handwerk, deine Profession, dein Gewerbe, dein Stand, deine Kunst?

Valerio (mit Würde). Herr, ich habe die große Beschäftigung, müßig zu gehen, ich habe eine ungemeine Fertigkeit im Nichtsthun, ich besitze eine ungeheure Ausdauer in der Faulheit. Keine Schwiele schändet meine Hände, der Boden hat noch keinen Tropfen von meiner Stirne getrunken, ich bin noch Jungfrau in der Arbeit, und wenn es mir nicht der Mühe zu viel wäre, würde ich mir die Mühe nehmen, Ihnen diese Verdienste weitläufiger auseinanderzusetzen.

Leonce (mit komischem Enthusiasmus). Komm an meine Brust! Bist du einer von den Göttlichen, welche mühelos mit reiner Stirne durch den Schweiß und Staub über die Heerstraße des Lebens wandeln, und mit glänzenden Sohlen und blühenden Leibern gleich seligen Göttern in den Olympus treten? Komm! Komm!

Valerio (singt im Abgehen). Hei! da sitzt e Fleig' an der Wand! Fleig' an der Wand! Fleig' an der Wand!

(Beide Arm in Arm ab.)

Zweite Scene.

Ein Zimmer.

König Peter wird von zwei Kammerdienern angekleidet.

Peter. (Während er angekleidet wird.) Der Mensch muß denken und ich muß für meine Unterthanen denken, denn sie denken nicht, sie denken nicht. – Die Substanz ist das an sich, das bin ich. (Er läuft fast nackt im Zimmer herum.) Begriffen? An sich ist an sich, versteht Ihr? Jetzt kommen meine Attribute, Modificationen, Affectionen und Accidenzien, wo ist mein Hemd, meine Hose? – Halt, pfui! der freie Wille steht davorn ganz offen. Wo ist die Moral, wo sind die Manschetten? Die Kategorien sind in der schändlichsten Verwirrung, es sind zwei Knöpfe zuviel zugeknöpft, die Dose steckt in der rechten Tasche. Mein ganzes System ist ruinirt. – Ha, was bedeutet der Knopf im Schnupftuch? Kerl, was bedeutet der Knopf, an was wollte ich mich erinnern?

Erster Kammerdiener. Als Eure Majestät diesen Knopf in ihr Schnupftuch zu knüpfen geruhten, so wollten Sie …

König. Nun?

Erster Kammerdiener. Sich an etwas erinnern.

Peter. Eine verwickelte Antwort! – Ey! Nun an was meint Er?

Zweiter Kammerdiener. Eure Majestät wollten sich an etwas erinnern, als sie diesen Knopf in Ihr Taschentuch zu knüpfen geruhten.

Peter. (Läuft auf und ab.) Was? Was? Die Menschen machen mich confus, ich bin in der größten Verwirrung. Ich weiß mir nicht mehr zu helfen. (Ein Diener tritt auf.)

Diener. Eure Majestät, der Staatsrath ist versammelt.

Peter. (Freudig) Ja, das ist's, das ist's. – Ich wollte mich an mein Volk erinnern! Kommen Sie meine Herren! Gehn Sie symetrisch. Ist es nicht sehr heiß? Nehmen Sie doch auch Ihre Schnupftücher und wischen Sie sich das Gesicht. Ich bin immer so in Verlegenheit, wenn ich öffentlich sprechen soll. (Alle ab.)

König Peter. Der Staatsrath.

Peter. Meine Lieben und Getreuen, ich wollte Euch hiermit kund und zu wissen thun, kund und zu wissen thun – denn entweder verheirathet sich mein Sohn, oder nicht (legt den Finger an die Nase) entweder, oder – Ihr versteht mich doch? Ein drittes giebt es nicht. Der Mensch muß denken. (Steht eine Zeitlang sinnend.) Wenn ich so laut rede, so weiß ich nicht wer es eigentlich ist, ich oder ein anderer, das ängstigt mich. (Nach langem Besinnen.) Ich bin ich. – Was halten Sie davon, Präsident?

Präsident. (Gravitätisch langsam.) Eure Majestät, vielleicht ist es so, vielleicht ist es aber auch nicht so.

Der ganze Staatsrath im Chor. Ja, vielleicht ist es so, vielleicht ist es aber auch nicht so.

König Peter. (Mit Rührung.) O meine Weisen! – Also von was war eigentlich die Rede? Von was wollte ich sprechen? Präsident, was haben Sie ein so kurzes Gedächtniß bei einer so feierlichen Gelegenheit? Die Sitzung ist aufgehoben. (Er entfernt sich feierlich, der ganze Staatsrath folgt ihm.)

Dritte Scene.

Ein reichgeschmückter Saal, Kerzen brennen.
Leonce mit einigen Dienern.

Leonce. Sind alle Läden geschlossen? Zündet die Kerzen an! Weg mit dem Tag! Ich will Nacht, tiefe ambrosische Nacht. Stellt die Lampen unter Krystallglocken zwischen die Oleander, daß sie wie Mädchenaugen unter den Wimpern der Blätter hervorträumen. Rückt die Rosen näher, daß der Wein wie Thautropfen auf die Kelche sprudle. Musik! Wo sind die Violinen? Wo ist die Rosetta? Fort! Alle hinaus!

(Die Diener gehen ab. Leonce streckt sich auf ein Ruhebett. Rosetta, zierlich gekleidet, tritt ein. Man hört Musik aus der Ferne.)

Rosetta (nähert sich schmeichelnd). Leonce!

Leonce. Rosetta!

Rosetta. Leonce!

Leonce. Rosetta!

Rosetta. Deine Lippen sind träg. Vom Küssen?

Leonce. Vom Gähnen!

Rosetta. Oh!

Leonce. Ach Rosetta, ich habe die entsetzliche Arbeit ...

Rosetta. Nun?

Leonce. Nichts zu thun ...

Rosetta. Als zu lieben?

Leonce. Freilich Arbeit!

Rosetta (beleidigt). Leonce!

Leonce. Oder Beschäftigung.

Rosetta. Oder Müßiggang.

Leonce. Du hast Recht wie immer. Du bist ein kluges Mädchen, und ich halte viel auf deinen Scharfsinn.

Rosetta. So liebst Du mich aus Langeweile?

Leonce. Nein, ich habe Langeweile, weil ich dich liebe. Aber ich liebe meine Langeweile wie dich. Ihr seid eins. O dolce far niente, ich träume über deinen Augen, wie an wunderheimlichen tiefen Quellen, das Kosen deiner Lippen schläfert mich ein, wie Wellenrauschen. (Er umfaßt sie). Komm liebe Langeweile, deine Küsse sind ein wollüstiges Gähnen, und deine Schritte sind ein zierlicher Hiatus.

Rosetta. Du liebst mich, Leonce?

Leonce. Ei warum nicht?

Rosetta. Und immer?

Leonce. Das ist ein langes Wort: immer! Wenn ich dich nun noch fünftausend Jahre und sieben Monate liebe, ist's genug? Es ist zwar viel weniger, als immer, ist aber doch eine erkleckliche Zeit, und wir können uns Zeit nehmen, uns zu lieben.

Rosetta. Oder die Zeit kann uns das Lieben nehmen.

Leonce. Oder das Lieben uns die Zeit. Tanze, Rosetta, tanze, daß die Zeit mit dem Takt deiner niedlichen Füße geht.

Rosetta. Meine Füße gingen lieber aus der Zeit.

(Sie tanzt und singt.)

O meine müden Füße ihr müßt tanzen
In bunten Schuhen,
Und möchtet lieber tief, tief
Im Boden ruhen.

O meine heißen Wangen, ihr müßt glühen
Im wilden Kosen,
Und möchtet lieber blühen
Zwei weiße Rosen.

O meine armen Augen, ihr müßt blitzen
Im Strahl der Kerzen,
Und lieber schlieft ihr aus im Dunkeln
Von euren Schmerzen.

Leonce (indeß träumend vor sich hin). O, eine sterbende Liebe ist schöner, als eine werdende. Ich bin ein Römer; bei dem köstlichen Mahle spielen zum Des<*s*>ert die goldnen Fische in ihren Todesfarben. Wie ihr das Roth von den Wangen stirbt, wie still das Auge ausglüht, wie leis das Wogen ihrer Glieder steigt und fällt! Adio, adio meine Liebe, ich will deine Leiche lieben. (Rosetta nähert sich ihm wieder.) Thränen, Rosetta? Ein feiner Epikuräismus – weinen zu können. Stelle dich in die Sonne, daß die köstlichen Tropfen krystallisiren, es muß prächtige Diamanten geben. Du kannst dir ein Halsband daraus machen lassen.

Rosetta. Wohl Diamanten, sie schneiden mir in die Augen. Ach Leonce! (Will ihn umfassen.)

Leonce. Gib Acht! Mein Kopf! Ich habe unsere Liebe darin beigesetzt. Sieh zu den Fenstern meiner Augen hinein. Siehst du, wie schön todt das arme Ding ist? Siehst du die zwei weißen Rosen auf seinen Wangen und die zwei rothen auf seiner Brust? Stoß mich nicht, daß ihm kein Aermchen abbricht, es wäre Schade. Ich muß meinen Kopf gerade auf den Schultern tragen, wie die Todtenfrau einen Kindersarg.

Rosetta (scherzend). Narr!

Leonce. Rosetta! (Rosetta macht ihm eine Fratze.) Gott sei Dank! (Hält sich die Augen zu.)

Rosetta (erschrocken). Leonce, sieh mich an.

Leonce. Um keinen Preis!

Rosetta. Nur einen Blick!

Leonce. Keinen! <*W*>einst du? Um ein klein wenig, und meine liebe Liebe käme wieder auf die Welt. Ich bin froh, daß ich sie begraben habe. Ich behalte den Eindruck.

Rosetta (entfernt sich traurig und langsam, sie singt im Abgehn:)

Ich bin eine arme Waise,
Ich fürchte mich ganz allein.
Ach lieber Gram –
Willst du nicht kommen mit mir heim?

Leonce (allein). Ein sonderbares Ding um die Liebe. Man liegt ein Jahr lang schlafwachend zu Bette, und an einem schönen Morgen wacht man auf, trinkt ein Glas Wasser, zieht seine Kleider an und fährt sich mit der Hand über die Stirn und besinnt sich – und besinnt sich. – Mein Gott, wieviel Weiber hat man nöthig, um die Scala der Liebe auf und ab zu singen? Kaum daß Eine einen Ton ausfüllt. Warum ist der Dunst über unsrer Erde ein Prisma, das den weißen Gluthstrahl der Liebe in einen Regenbogen bricht? – (Er trinkt.) In welcher Bouteille steckt denn der Wein, an dem ich mich heute betrinken soll? Bringe ich es nicht einmal mehr so weit? Ich sitze wie unter einer Luftpumpe. Die Luft so scharf und dünn, daß mich friert, als sollte ich in Nankinhosen Schlittschuh laufen. – Meine Herren, meine Herren, wißt ihr auch, was Caligula und Nero waren? Ich weiß es. – Komm Leonce, halte mir einen Monolog, ich will zuhören. Mein Leben gähnt mich an, wie ein großer weißer Bogen Papier, den ich vollschreiben soll, aber ich bringe keinen Buchstaben heraus. Mein Kopf ist ein leerer Tanzsaal, einige verwelkte Rosen und zerknitterte Bänder auf dem Boden, geborstene Violinen in der Ecke, die letzten Tänzer haben die Masken abgenommen und sehen mit tod<*t*>müden Augen einander an. Ich stülpe mich jeden Tag vier und zwanzigmal herum, wie einen Handschuh. O ich kenne mich, ich weiß was ich in einer Viertelstunde, was ich in acht Tagen, was ich in einem Jahre denken und träumen werde. Gott, was habe ich denn verbrochen, daß du mich, wie einen Schulbuben, meine Lection so oft hersagen läßt? –

Bravo Leonce! Bravo! (Er klatscht.) Es thut mir ganz wohl, wenn ich mir so rufe. He! Leonce! Leonce!

Valerio (unter einem Tisch hervor). Eure Hoheit scheint mir wirklich auf dem besten Weg, ein wahrhaftiger Narr zu werden.

Leonce. Ja, beim Licht besehen, kommt es mir eigentlich eben so vor.

Valerio. Warten Sie, wir wollen uns darüber sogleich ausführlicher unterhalten. Ich habe nur noch ein Stück Braten zu verzehren, das ich aus der Küche, und etwas Wein, den ich von Ihrem Tische gestohlen. Ich bin gleich fertig.

Leonce. Das schmatzt. Der Kerl verursacht mir ganz idyllische Empfindungen; ich könnte wieder mit dem Einfachsten anfangen, ich könnte Käs essen, Bier trinken, Tabak rauchen. Mach fort, grunze nicht so mit deinem Rüssel, und klappre mit deinen Hauern nicht so.

Valerio. Werthester Adonis, sind Sie in Angst um Ihre Schenkel? Sein Sie unbesorgt, ich bin weder ein Besenbinder, noch ein Schulmeister. Ich brauche keine Gerten zu Ruthen.

Leonce. Du bleibst nichts schuldig.

Valerio. Ich wollte, es ginge meinem Herrn eben so.

Leonce. Meinst du, damit du zu deinen Prügeln kämst? Bist du so besorgt um deine Erziehung?

Valerio. O Himmel, man kömmt leichter zu seiner Erzeugung, als zu seiner Erziehung. Es ist traurig, in welche Umstände Einen andere Umstände versetzen können! Was für Wochen hab' ich erlebt, seit meine Mutter in die Wochen kam! Wieviel Gutes hab' ich empfangen, das ich meiner Empfängniß zu danken hätte?

Leonce. Was deine Empfänglichkeit betrifft, so könnte sie es nicht besser treffen, um getroffen zu werden. Drück dich besser aus, oder du sollst den unangenehmsten Eindruck von meinem Nachdruck haben.

Valerio. Als meine Mutter um das Vorgebirg der guten Hoffnung schiffte ....

Leonce. Und dein Vater an Cap Horn Schiffbruch litt ....

Valerio. Richtig, denn er war Nachtwächter. Doch setzte er das Horn nicht so oft an die Lippen, als die Väter edler Söhne an die Stirn.

Leonce. Mensch, du besitzest eine himmlische Unverschämtheit. Ich fühle ein gewisses Bedürfniß, mich in nähere Berührung mit ihr zu setzen. Ich habe eine große Passion dich zu prügeln.

Valerio. Das ist eine schlagende Antwort und ein triftiger Beweis.

Leonce (geht auf ihn los). Oder du bist eine geschlagene Antwort. Denn du bekommst Prügel für deine Antwort.

Valerio (läuft weg, Leonce stolpert und fällt). Und Sie sind ein Beweis, der noch geführt werden muß, denn er fällt über seine eigenen Beine, die im Grund genommen selbst noch zu beweisen sind. Es sind höchst unwahrscheinliche Waden und sehr problematische Schenkel.

Der Staatsrath tritt auf. Leonce bleibt auf dem Boden sitzen. Valerio.

Präsident. Eure Hoheit verzeihen ...

Leonce. Wie, mir selbst! Wie mir selbst! Ich verzeihe mir die Gutmüthigkeit Sie anzuhören. Meine Herren wollen Sie nicht Platz nehmen? – Was die Leute für Gesichter machen, wenn sie das Wort Platz hören! Setzen Sie sich nur auf den Boden und geniren Sie sich nicht. Es ist doch der letzte Platz, den Sie einmal erhalten, aber er trägt Niemand etwas ein, als dem Todtengräber.

Präsident (verlegen mit den Fingern schnipsend). Geruhen Eure Hoheit ...

Leonce. Aber schnipsen Sie nicht so mit den Fingern, wenn Sie mich nicht zum Mörder machen wollen.

Präsident (immer stärker schnipsend). Wollten gnädigst, in Betracht ...

Leonce. Mein Gott, stecken Sie doch die Hände in die Hosen, oder setzen Sie sich darauf. Er ist ganz aus der Fassung. Sammeln Sie sich.

Valerio. Man darf Kinder nicht während des P<*issens*> unterbrechen, sie bekommen sonst eine Verhaltung.

Leonce. Mann, fassen Sie sich. Bedenken Sie Ihre Familie und den Staat. Sie riskiren einen Schlagfluß, wenn Ihnen Ihre Rede zurücktritt.

Präsident. (Zieht ein Papier aus der Tasche.) Erlauben Eure Hoheit. –

Leonce. Was, Sie können schon lesen? Nun denn ...

Präsident. Daß man der zu erwartenden Ankunft von Eurer Hoheit verlobter Braut, der durchlauchtigsten Prinzessin Lena von Pipi, auf morgen sich zu gewärtigen habe, davon läßt Ihro königliche Majestät Eure Hoheit benachrichtigen.

Leonce. Wenn meine Braut mich erwartet, so werde ich ihr den Willen thun und sie auf mich warten lassen. Ich habe sie gestern Nacht im Traum gesehen, sie hatte ein Paar Augen so groß, daß die Tanzschuhe meiner Rosetta zu Augenbraunen darüber gepaßt hätten, und auf den Wangen war kein Grübchen zu sehen, sondern ein Paar Abzugsgruben für das Lachen. Ich glaube an Träume. Träumen Sie auch zuweilen Herr Präsident? Haben Sie auch Ahnungen?

Valerio. Versteht sich. Immer die Nacht vor dem Tag, an dem ein Braten an der königlichen Tafel verbrennt, ein Kapaun krepirt, oder Ihre königliche Majestät Leibweh bekommt.

Leonce. A propos, hatten Sie nicht noch etwas auf der Zunge? Geben Sie nur Alles von sich.

Präsident. An dem Tage der Vermählung ist ein höchster Wille gesonnen, seine allerhöchsten Willensäußerungen in die Hände Eurer Hoheit niederzulegen.

Leonce. Sagen Sie einem höchsten Willen, daß ich Alles thun werde, das ausgenommen, was ich werde bleiben lassen, was aber jedenfalls nicht so viel seyn wird, als wenn es noch einmal so viel wäre. – Meine Herren, Sie entschuldigen, daß ich Sie nicht begleite, ich habe gerade die Passion zu sitzen, aber meine Gnade ist so groß, daß ich sie ja mit den Beinen doch nicht ausmessen kann. (Er spreizt die Beine auseinander.) Herr Präsident, nehmen Sie doch das Maaß, damit Sie mich später daran erinnern. Valerio gieb den Herren das Geleite.

Valerio. Das Geläute? Soll ich dem Herrn Präsidenten eine Schelle anhängen? Soll ich sie führen, als ob sie auf allen Vieren gingen?

Leonce. Mensch, du bist nichts als ein schlechtes Wortspiel. Du hast weder Vater noch Mutter, sondern die fünf Vokale haben dich miteinander erzeugt.

Valerio. Und Sie Prinz, sind ein Buch ohne Buchstaben, mit nichts als Gedankenstrichen. – Kommen Sie jetzt meine Herren. Es ist eine traurige Sache um das Wort kommen, will man ein Einkommen, so muß man stehlen, an ein Aufkommen ist nicht zu denken, als wenn man sich hängen läßt, ein Unterkommen findet man erst, wenn man begraben wird, und ein Auskommen hat man jeden Augenblick mit seinem Witz, wenn man nichts mehr zu sagen weiß, wie ich zum Beispiel eben, und Sie, ehe Sie noch etwas gesagt haben. Ihr Abkommen haben Sie gefunden und Ihr Fortkommen werden Sie jetzt zu suchen ersucht. (Staatsrath und Valerio ab.)

Leonce (allein). Wie gemein ich mich zum Ritter an den armen Teufeln gemacht habe! Es steckt nun aber doch einmal ein gewisser Genuß in einer gewissen Gemeinheit. – Hm! Heirathen! Das heißt einen Ziehbrunnen leer trinken. O Shandy, alter Shandy, wer mir deine Uhr schenkte! – (Valerio kommt zurück.) Ach Valerio, hast du es gehört?

Valerio. Nun Sie sollen König werden, das ist eine lustige Sache. Man kann den ganzen Tag spazieren fahren und den Leuten die Hüte verderben durch's viele Abziehen, man kann aus ordentlichen Menschen ordentliche Soldaten ausschneiden, so daß Alles ganz natürlich wird, man kann schwarze Fräcke und weiße Halsbinden zu Staatsdienern machen, und wenn man stirbt, so laufen alle blanken Knöpfe blau an und die Glockenstricke reißen wie Zwirnfaden vom vielen Läuten. Ist das nicht unterhaltend?

Leonce. Valerio! Valerio! Wir müssen was Anderes treiben. Rathe!

Valerio. Ach die Wissenschaft, die Wissenschaft! Wir wollen Gelehrte werden! a priori? oder a posteriori?

Leonce. a priori, das muß man bei meinem Herrn Vater lernen; und a posteriori fängt Alles an, wie ein altes Mährchen: es war einmal!

Valerio. So wollen wir Helden werden. (Er marschirt trompetend und trommelnd auf und ab.) Trom – trom – pläre – plem!

Leonce. Aber der Heroismus fuselt abscheulich und bekommt das Lazarethfieber und kann ohne Lieutenants und Rekruten nicht bestehen. Pack dich mit deiner Alexanders- und Napoleonsromantik!

Valerio. So wollen wir Genies werden.

Leonce. Die Nachtigall der Poesie schlägt den ganzen Tag über unserm Haupt, aber das Feinste geht zum Teufel, bis wir ihr die Federn ausreißen und in die Tinte oder die Farbe tauchen.

Valerio. So wollen wir nützliche Mitglieder der menschlichen Gesellschaft werden.

Leonce. Lieber möchte ich meine Demission als Mensch geben.

Valerio. So wollen wir zum Teufel gehen.

Leonce. Ach der Teufel ist nur des Contrastes wegen da, damit wir begreifen sollen, daß am Himmel doch eigentlich etwas sei. (Aufspringend.) Ah Valerio, Valerio, jetzt hab' ich's! Fühlst du nicht das Wehen aus Süden? Fühlst du nicht wie der tiefblaue glühende Äther auf und ab wogt, wie das Licht blitzt von dem goldnen, sonnigen Boden, von der heiligen Salzfluth und von den Marmor-Säulen und Leibern? Der große Pan schläft und die ehernen Gestalten träumen im Schatten über den tiefrauschenden Wellen von dem alten Zaubrer Virgil, vom Tarantella und Tambourin und tiefen tollen Nächten, voll Masken, Fackeln und Guitarren. Ein Lazzaroni! Valerio! Ein Lazzaroni! Wir gehen nach Italien.

Vierte Scene.

Ein Garten.

Prinzessin Lena im Brautschmuck. Die Gouvernante.

Lena. Ja, jetzt. Da ist es. Ich dachte die Zeit an nichts. Es ging so hin, und auf einmal richtet sich der Tag vor mir auf. Ich habe den Kranz im Haar – und die Glocken, die Glocken! (Sie lehnt sich zurück und schließt die Augen.) Sieh, ich wollte, der Rasen wüchse so über mich und die Bienen summten über mir hin; sieh, jetzt bin ich eingekleidet und habe Rosmarin im Haar. Gibt es nicht ein altes Lied:

Auf dem Kirchhof will ich liegen
Wie ein Kindlein in der Wiegen, –

Gouvernante. Armes Kind, wie Sie bleich sind unter Ihren blitzenden Steinen.

Lena. O Gott, ich könnte lieben, warum nicht? Man geht ja so einsam und tastet nach einer Hand, die einen hielte, bis die Leichenfrau die Hände auseinandernähme und sie Jedem über der Brust faltete. Aber warum schlägt man einen Nagel durch zwei Hände, die sich nicht suchten? Was hat meine arme Hand gethan? (Sie zieht einen Ring vom Finger.) Dieser Ring sticht mich wie eine Natter.

Gouvernante. Aber – er soll ja ein wahrer Don Carlos sein.

Lena. Aber – ein Mann –

Gouvernante. Nun?

Lena. Den man nicht liebt. (Sie erhebt sich.) Pfui! Siehst du, ich schäme mich. – Morgen ist aller Duft und Glanz von mir gestreift. Bin ich denn wie die arme, hilflose Quelle, die jedes Bild, das sich über sie bückt, in ihrem stillen Grund abspiegeln muß? Die Blumen öffnen und schließen, wie sie wollen, ihre Kelche der Morgensonne und dem Abendwind. Ist denn die Tochter eines Königs weniger, als eine Blume?

Gouvernante (weinend). Lieber Engel, du bist doch ein wahres Opferlamm.

Lena. Ja wohl – und der Priester hebt schon das Messer. – Mein Gott, mein Gott, ist es denn wahr, daß wir uns selbst erlösen müssen mit unserem Schmerz? Ist es denn wahr, die Welt sei ein gekreuzigter Heiland, die Sonne seine Dornenkrone und die Sterne die Nägel und Speere in seinen Füßen und Lenden?

Gouvernante. Mein Kind, mein Kind! ich kann dich nicht so sehen. – Es kann nicht so gehen, es tödtet dich. Vielleicht, wer weiß! Ich habe so etwas im Kopf. Wir wollen sehen. Komm! (Sie führt die Prinzessin weg).

Zweiter Act.

Wie ist mir eine Stimme doch erklungen,
Im tiefsten Innern,
Und hat mit Einemmale mir verschlungen
All mein Erinnern!
Adalbert von Chamisso.

Erste Scene.

Freies Feld. Ein Wirthshaus im Hintergrund.
Leonce und Valerio, der einen Pack trägt, treten auf.

Valerio. (Keuchend.) Auf Ehre, Prinz, die Welt ist doch ein ungeheuer weitläuftiges Gebäude.

Leonce. Nicht doch! Nicht doch! Ich wage kaum die Hände auszustrecken, wie in einem engen Spiegelzimmer, aus Furcht überall anzustoßen, daß die schönen Figuren in Scherben auf dem Boden lägen und ich vor der kahlen, nackten Wand stünde.

Valerio. Ich bin verloren.

Leonce. Da wird Niemand einen Verlust dabei haben als wer dich findet.

Valerio. Ich werde mich wenigstens in den Schatten meines Schattens stellen.

Leonce. Du verflüchtigst dich ganz an der Sonne. Siehst du die schöne Wolke da oben? Sie ist wenigstens ein Viertel von Dir. Sie sieht ganz wohlbehaglich auf deine gröbere materielle Stoffe herab.

Valerio. Die Wolke könnte Ihrem Kopf nichts schaden, wenn man Ihnen denselben scheeren und sie Tropfen für Tropfen darauf fallen ließ. – Ein köstlicher Einfall. Wir sind schon durch ein Dutzend Fürstenthümer, durch ein halbes Dutzend Großherzogthümer und durch ein Paar Königreiche gelaufen und das in der größten Uebereilung in einem halben Tage und warum? Weil man König werden und eine schöne Prinzessin heirathen soll. Und sie leben noch in einer solchen Lage? Ich begreife ihre Resignation nicht. Ich begreife nicht, daß Sie nicht Arsenick genommen, sich auf das Geländer des Kirchthurms gestellt und sich eine Kugel durch den Kopf gejagt haben, um es ja nicht zu verfehlen.

Leonce. Aber Valerio, die Ideale! Ich habe das Ideal eines Frauenzimmers in mir und muß es suchen. Sie ist unendlich schön und unendlich geistlos. Die Schönheit ist da so hülflos, so rührend wie ein neugebornes Kind. Es ist ein köstlicher Contrast. Diese himmlisch stupiden Augen, dieser göttlich einfältige Mund, dieses schaafnasige griechische Profil, dieser geistige Tod in diesem geistigen Leib.

Valerio. Teufel! Da sind wir schon wieder auf der Gränze; das ist ein Land wie eine Zwiebel, nichts als Schaalen, oder wie ineinandergesteckte Schachteln, in der größten sind nichts als Schachteln und in der kleinsten ist gar nichts. (Er wirft seinen Pack zu Boden.) Soll denn dieser Pack mein Grabstein werden? Sehen Sie Prinz ich werde philosophisch, ein Bild des menschlichen Lebens. Ich schleppe diesen Pack mit wunden Füßen durch Frost und Sonnenbrand, weil ich Abends ein reines Hemd anziehen will und wenn endlich der Abend kommt, so ist meine Stirn gefurcht, meine Wange hohl, mein Auge dunkel und ich habe grade noch Zeit, mein Hemd anzuziehen, als Todtenhemd. Hätte ich nun nicht gescheidter gethan, ich hätte mein Bündel vom Stecken gehoben und es in der ersten besten Kneipe verkauft, und hätte mich dafür betrunken und im Schatten geschlafen, bis es Abend geworden wäre, und hätte nicht geschwitzt und mir keine Leichdörner gelaufen? Und Prinz, jetzt kommt die Anwendung und die Praxis. Aus lauter Schamhaftigkeit wollen wir jetzt auch den inneren Menschen bekleiden und Rock und Hosen inwendig anziehen. (Beide gehen auf das Wirthshaus los.) Ey du lieber Pack, welch ein köstlicher Duft, welche Weindüfte und Bratengerüche! Ey ihr lieben Hosen, wie wurzelt ihr im Boden und grünt und blüht und die langen schweren Trauben hängen mir ins Maul und der Most gährt unter der Kelter. (Sie gehen ab.)

Prinzessin Lena. Die Gouvernante.

Gouvernante. Es muß ein bezauberter Tag seyn, die Sonne geht nicht unter, und es ist so unendlich lang seit unsrer Flucht.

Lena. Nicht doch, meine Liebe, die Blumen sind ja kaum welk, die ich zum Abschied brach, als wir aus dem Garten gingen.

Gouvernante. Und wo sollen wir ruhen? Wir sind noch auf gar nichts gestoßen. Ich sehe kein Kloster, keine Eremiten, keine Schäfer.

Lena. Wir haben Alles wohl anders geträumt mit unsern Büchern hinter der Mauer unsers Gartens, zwischen unsern Myrthen und Oleandern.

Gouvernante. O die Welt ist abscheulich! An einen irrenden Königssohn ist gar nicht zu denken.

Lena. O sie ist schön und so weit, so unendlich weit. Ich möchte immer so fort gehen Tag und Nacht. Es rührt sich nichts. Was ein rother Schein über den Wiesen spielt von den Kukuksblumen und die fernen Berge liegen auf der Erde wie ruhende Wolken.

Gouvernante. Du mein Jesus, was wird man sagen? Und doch ist es so zart und weiblich! Es ist eine Entsagung. Es ist wie die Flucht der heiligen Odilia. Aber wir müssen ein Obdach suchen. Es wird Abend.

Lena. Ja die Pflanzen legen ihre Fiederblättchen zum Schlaf zusammen und die Sonnenstrahlen wiegen sich an den Grashalmen wie müde Libellen.

Zweite Scene.

Das Wirthshaus auf einer Anhöhe an einem Fluß, weite Aussicht. Der Garten vor demselben.
Valerio. Leonce.

Valerio. Nun Prinz, liefern Ihre Hosen nicht ein köstliches Getränk? Laufen Ihnen Ihre Stiefel nicht mit der größten Leichtigkeit die Kehle hinunter?

Leonce. Siehst du die alten Bäume, die Hecken, die Blumen, das Alles hat seine Geschichten, seine lieblichen heimlichen Geschichten. Siehst du die greisen freundlichen Gesichter unter den Reben an der Hausthür? Wie sie sitzen und sich bei den Händen halten und Angst haben, daß sie alt sind und die Welt noch so jung ist. O Valerio, und ich bin so jung und die Welt ist so alt. Ich bekomme manchmal eine Angst um mich und könnte mich in eine Ecke setzen und heiße Thränen weinen aus Mitleid mit mir.

Valerio. (Giebt ihm ein Glas.) Nimm diese Glocke, diese Taucherglocke und senke dich in das Meer des Weines, daß es Perlen über dich schlägt. Sieh wie die Elfen über dem Kelch der Weinblumen schweben, goldbeschuht, die Cymbeln schlagend.

Leonce. (Aufspringend.) Komm Valerio, wir müssen was treiben, was treiben. Wir wollen uns mit tiefen Gedanken abgeben; wir wollen untersuchen wie es kommt, daß der Stuhl auf drei Beinen steht und nicht auf zwei, daß man sich die Nase mit Hülfe der Hände putzt und nicht wie die Fliegen mit den Füßen. Komm, wir wollen Ameisen zergliedern, Staubfäden zählen; ich werde es doch noch zu irgend einer fürstlichen Liebhaberei bringen. Ich werde doch noch eine Kinderrassel finden, die mir erst aus der Hand fällt, wenn ich Flocken lese und an der Decke zupfe. Ich habe noch eine gewisse Dosis Enthusiasmus zu verbrauchen; aber wenn ich Alles recht warm gekocht habe, so brauche ich eine unendliche Zeit um einen Löffel zu finden, mit dem ich das Gericht esse und darüber steht es ab.

Valerio. Ergo bibamus. Diese Flasche ist keine Geliebte, keine Idee, sie macht keine Geburtsschmerzen, sie wird nicht langweilig, wird nicht treulos, sie bleibt eins vom ersten Tropfen bis zum letzten. Du brichst das Siegel und alle Träume, die in ihr schlummern, sprühen dir entgegen.

Leonce. O Gott! Die Hälfte meines Lebens soll ein Gebet seyn, wenn mir nur ein Strohhalm bescheert wird, auf dem ich reite, wie auf einem prächtigen Roß, bis ich selbst auf dem Stroh liege. – Welch unheimlicher Abend. Da unten ist Alles still und da oben wechseln und ziehen die Wolken und der Sonnenschein kommt wieder. Sieh, was seltsame Gestalten sich dort jagen, sieh die langen weißen Schatten mit den entsetzlich magern Beinen und Fledermausschwingen und Alles so rasch, so wirr und da unten rührt sich kein Blatt, kein Halm. Die Erde hat sich ängstlich zusammengeschmiegt, wie ein Kind und über ihre Wiege schreiten die Gespenster.

Valerio. Ich weiß nicht, was Ihr wollt, mir ist ganz behaglich zu Muth. Die Sonne sieht aus wie ein Wirthshausschild und die feurigen Wolken darüber, wie die Aufschrift: Wirthshaus zur goldnen Sonne. Die Erde und das Wasser da unten sind wie ein Tisch auf dem Wein verschüttet ist und wir liegen darauf wie Spielkarten, mit denen Gott und der Teufel aus Langeweile eine Parthie machen und Ihr seyd der Kartenkönig und ich bin ein Kartenbube, es fehlt nur noch eine Dame, eine schöne Dame, mit einem großen Lebkuchenherz auf der Brust und einer mächtigen Tulpe, worin die lange Nase sentimental versinkt, (die Gouvernante und die Prinzessin treten auf) und – bei Gott da ist sie! Es ist aber eigentlich keine Tulpe, sondern eine

Prise Taback und es ist eigentlich keine Nase, sondern ein Rüssel. (Zur Gouvernante.) Warum schreiten Sie, Wertheste, so eilig, daß man Ihre weiland Waden bis zu Ihren respectabeln Strumpfbändern sieht?

Gouvernante. (Heftig erzürnt, bleibt stehen.) Warum reißen Sie, Geehrtester, das Maul so weit auf, daß Sie Einem ein Loch in die Aussicht machen?

Valerio. Damit Sie, Geehrteste, sich die Nase am Horizont nicht blutig stoßen. Ihre Nase ist wie der Thurm auf Libanon, der gen Damaskus steht.

Lena. (Zur Gouvernante.) Meine Liebe, ist denn der Weg so lang?

Leonce. (Träumend vor sich hin.) O, jeder Weg ist lang! Das Picken der Todtenuhr in unserer Brust ist langsam und jeder Tropfen Blut mißt seine Zeit und unser Leben ist ein schleichend Fieber. Für müde Füße ist jeder Weg zu lang....

Lena. (Die ihm ängstlich sinnend zuhört.) Und für müde Augen jedes Licht zu scharf und müde Lippen jeder Hauch zu schwer (lächelnd) und müde Ohren jedes Wort zu viel. (Sie tritt mit der Gouvernante ins Haus.)

Leonce. O lieber Valerio! Könnte ich nicht auch sagen: „sollte nicht dies und ein Wald von Federbüschen, nebst ein Paar gepufften Rosen auf meinen Schuhen?“ Ich hab’ es glaub’ ich ganz melancholisch gesagt. Gott sey Dank, daß ich anfange mit der Melancholie niederzukommen. Die Luft ist nicht mehr so hell und kalt, der Himmel senkt sich glühend dicht um mich und schwere Tropfen fallen. – O diese Stimme: ist denn der Weg so lang? Es reden viele Stimmen über die Erde und man meint sie sprächen von andern Dingen, aber ich hab’ sie verstanden. Sie ruht auf mir wie der Geist, da er über den Wassern schwebte, eh’ das Licht ward. Welch Gähren in der Tiefe, welch Werden in mir, wie sich die Stimme durch den Raum gießt. – Ist denn der Weg so lang? (Geht ab.)

Valerio. Nein. Der Weg zum Narrenhaus ist nicht so lang, er ist leicht zu finden, ich kenne alle Fußpfade, alle Vicinalwege und Chausseen dorthin. Ich sehe ihn schon auf einer breiten Allee dahin, an einem eiskalten Wintertag den Hut unter dem Arm, wie er sich in die langen Schatten unter die kahlen Bäume stellt und mit dem Schnupftuch fächelt. – Er ist ein Narr! (Folgt ihm.)

Dritte Scene.

Ein Zimmer.
Lena. Die Gouvernante.

Gouvernante. Denken Sie nicht an den Menschen.

Lena. Er war so alt unter seinen blonden Locken. Den Frühling auf den Wangen, den Winter im Herzen. Das ist traurig. Der müde Leib findet ein Schlafkissen überall, doch wenn der Geist müd' ist, wo soll er ruhen? Es kommt mir ein entsetzlicher Gedanke, ich glaube es gibt Menschen, die unglücklich sind, unheilbar, blos weil sie sind. (Sie erhebt sich.)

Gouvernante. Wohin mein Kind?

Lena. Ich will hinunter in den Garten.

Gouvernante. Aber –

Lena. Aber, liebe Mutter, Du weißt man hätte mich eigentlich in eine Scherbe setzen sollen. Ich brauche Thau und Nachtluft wie die Blumen. Hörst Du die Harmonieen des Abends? Wie die Grillen den Tag einsingen und die Nachtviolen ihn mit ihrem Duft einschläfern! Ich kann nicht im Zimmer bleiben. Die Wände fallen auf mich.

Vierte Scene.

Der Garten. Nacht und Mondschein. Man sieht Lena auf dem Rasen sitzend.

Valerio. (In einiger Entfernung.) Es ist eine schöne Sache um die Natur, sie ist aber doch nicht so schön, als wenn es keine Schnaken gäbe, die Wirthsbetten etwas reinlicher wären und die Todtenuhren nicht so in den Wänden pickten. Drin schnarchen die Menschen und draußen quaken die Frösche, Drin pfeifen die Hausgrillen und draußen die Feldgrillen. Lieber Rasen, dies ist ein rasender Entschluß. (Er legt sich auf den Rasen nieder.)

Leonce. (Tritt auf.) O Nacht, balsamisch wie die erste, die auf das Paradies herabsank. (Er bemerkt die Prinzessin und nähert sich ihr leise.)

Lena. (Spricht vor sich hin.) Die Grasmücke hat im Traum gezwitschert, die Nacht schläft tiefer, ihre Wange wird bleicher und ihr Athem stiller. Der Mond ist wie ein schlafendes Kind, die goldnen Locken sind ihm im Schlaf über das liebe Gesicht heruntergefallen. – O sein Schlaf ist Tod. Wie der todte Engel auf seinem dunkeln Kissen ruht und die Sterne gleich Kerzen um ihn brennen. Armes Kind, kommen die schwarzen Männer bald Dich holen? Wo ist Deine Mutter? Will sie Dich nicht noch einmal küssen? Ach es ist traurig, todt und so allein.

Leonce. Steh auf in Deinem weißen Kleid und wandle hinter der Leiche durch die Nacht und singe ihr das Todtenlied.

Lena. Wer spricht da?

Leonce. Ein Traum.

Lena. Träume sind selig.

Leonce. So träume Dich selig, und laß mich Dein seliger Traum seyn.

Lena. Der Tod ist der seligste Traum.

Leonce. So laß mich Dein Todesengel seyn. Laß meine Lippen sich gleich seinen Schwingen auf Deine Augen senken. (Er küßt sie.) Schöne Leiche, Du ruhst so lieblich auf dem schwarzen Bahrtuch der Nacht, daß die Natur das Leben haßt und sich in den Tod verliebt.

Lena. Nein, laß mich. (Sie springt auf und entfernt sich rasch.)

Leonce. Zu viel! zu viel! Mein ganzes Seyn ist in dem einen Augenblick. Jetzt stirb. Mehr ist unmöglich. Wie frischathmend, schönheitglänzend ringt die Schöpfung sich aus dem Chaos entgegen. Die Erde ist eine Schaale von dunkelm Gold, wie schäumt das Licht in ihr und fluthet über ihren Rand und hellauf perlen daraus die Sterne. Meine Lippen saugen sich daran: dieser eine Tropfen Seligkeit macht mich zu einem köstlichen Gefäß. Hinab heiliger Becher! (Er will sich in den Fluß stürzen.)

Valerio. (Springt auf und umfaßt ihn.) Halt Serenissime!

Leonce. Laß mich!

Valerio. Ich werde sie lassen, sobald sie gelassen sind und das Wasser zu lassen versprechen.

Leonce. Dummkopf!

Valerio. Ist denn Eure Hoheit noch nicht über die Lieutenantsromantik hinaus, das Glas zum Fenster hinaus zu werfen, womit man die Gesundheit seiner Geliebten getrunken?

Leonce. Ich glaube halbwegs Du hast Recht.

Valerio. Trösten Sie sich. Wenn Sie auch nicht heut Nacht unter dem Rasen schlafen, so schlafen sie wenigstens darauf. Es wäre ein eben so selbstmörderischer Versuch in eins von den Betten gehen zu wollen. Man liegt auf dem Stroh wie ein Todter und wird von den Flöhen gestochen wie ein Lebendiger.

Leonce. Meinetwegen. (Er legt sich ins Gras.) Mensch, Du hast mich um den schönsten Selbstmord gebracht.

Ich werde in meinem Leben keinen so vorzüglichen Augenblick mehr dazu finden und das Wetter ist so vortrefflich. Jetzt bin ich schon aus der Stimmung. Der Kerl hat mir mit seiner gelben Weste und seinen himmelblauen Hosen Alles verdorben. – Der Himmel bescheere mir einen recht gesunden, plumpen Schlaf.

Valerio. Amen. – Und ich habe ein Menschenleben gerettet und werde mir mit meinem guten Gewissen heut Nacht den Leib warm halten. Wohl bekomm's Valerio!

Dritter Act.

Erste Scene.

Leonce. Valerio.

Valerio. Heirathen? Seit wann hat es Eure Hoheit zum ewigen Kalender gebracht?

Leonce. Weißt Du auch, Valerio, daß selbst der Geringste unter den Menschen so groß ist, daß das Leben noch viel zu kurz ist, um ihn lieben zu können? Und dann kann ich doch einer gewissen Art von Leuten, die sich einbilden, daß nichts so schön und heilig sey, daß sie es nicht noch schöner und heiliger machen müßten, die Freude lassen. Es liegt ein gewisser Genuß in dieser lieben Arroganz. Warum soll ich ihnen denselben nicht gönnen?

Valerio. Sehr human und philobestialisch. Aber weiß sie auch, wer Sie sind?

Leonce. Sie weiß nur daß sie mich liebt.

Valerio. Und weiß Eure Hoheit auch, wer sie ist?

Leonce. Dummkopf! Frag doch die Nelke und die Thauperle nach ihrem Namen.

Valerio. Das heißt, sie ist überhaupt etwas, wenn das nicht schon zu unzart ist und nach dem Signalement schmeckt. – Aber, wie soll das gehn? Hm! – Prinz, bin ich Minister, wenn Sie heute vor ihrem Vater mit der Unaussprechlichen, Namenlosen, mittelst des Ehesegens zusammengeschmiedet werden? Ihr Wort?

Leonce. Mein Wort!

Valerio. Der arme Teufel Valerio empfiehlt sich Sr. Excellenz dem Herrn Staatsminister Valerio von Valerienthal. – „Was will der Kerl? Ich kenne ihn nicht. Fort Schlingel!“ (Er läuft weg, Leonce folgt ihm.)

Zweite Scene.

Freier Platz vor dem Schlosse des Königs Peter. Der Landrath. Der Schulmeister. Bauern im Sonntagsputz, Tannenzweige haltend.

Landrath. Lieber Herr Schulmeister, wie halten sich Eure Leute?

Schulmeister. Sie halten sich so gut in ihren Leiden, daß sie sich schon seit geraumer Zeit an einander halten. Sie gießen brav Spiritus an sich, sonst könnten sie sich in der Hitze unmöglich so lange halten. Courage, Ihr Leute! Streckt Eure Tannenzweige grad vor Euch hin, daß man meint Ihr wärt ein Tannenwald und Eure Nasen die Erdbeeren und Eure Dreimaster die Hörner vom Wildpret und Eure hirschledernen Hosen der Mondschein darin, und merkt's Euch, der Hinterste läuft immer wieder vor den Vordersten, daß es aussieht als wärt Ihr ins Quadrat erhoben.

Landrath. Und Schulmeister, Ihr stehet vor die Nüchternheit.

Schulmeister. Versteht sich, denn ich kann vor Nüchternheit kaum mehr stehen.

Landrath. Gebt Acht, Leute, im Programm steht: sämmtliche Unterthanen werden von freien Stücken reinlich gekleidet, wohlgenährt, und mit zufriedenen Gesichtern sich längs der Landstraße aufstellen. Macht uns keine Schande!

Schulmeister. Seyd standhaft! Krazt Euch nicht hinter den Ohren und schneuzt Euch die Nasen nicht mit den Fingern, so lang das hohe Paar vorbeifährt und zeigt die gehörige Rührung, oder es werden rührende Mittel gebraucht werden. Erkennt was man für Euch thut, man hat Euch grade so gestellt, daß der Wind von der Küche über Euch geht und Ihr auch einmal in Eurem Leben einen Braten riecht. Könnt Ihr noch Eure Lection? He! Vi!

Bauern. Vi!

Schulmeister. Vat!

Bauern. Vat!

Schulmeister. Vivat!

Bauern. Vivat!

Schulmeister. So Herr Landrath. Sie sehen wie die Intelligenz im Steigen ist. Bedenken Sie, es ist Latein. Wir geben aber auch heut Abend einen transparenten Ball mittelst der Löcher in unseren Jacken und Hosen, und schlagen uns mit unseren Fäusten Cocarden an die Köpfe.

Dritte Scene.

Großer Saal. Geputzte Herren und Damen sorgfältig gruppirt. Der Ceremonienmeister mit einigen Bedienten auf dem Vordergrund.

Ceremonienmeister. Es ist ein Jammer. Alles geht zu Grund. Die Braten schnurren ein. Alle Glückwünsche stehen ab. Alle Vatermörder legen sich um, wie melancholische Schweinsohren. Den Bauern wachsen die Nägel und der Bart wieder. Den Soldaten gehn die Locken auf. Von den zwölf Unschuldigen ist Keine, die nicht das horizontale Verhalten dem senkrechten vorzöge. Sie sehen in ihren weißen Kleidchen aus wie erschöpfte Seidenhasen und der Hofpoet grunzt um sie herum wie ein bekümmertes Meerschweinchen. Die Herrn Offiziere kommen um all ihre Haltung. (Zu einem Diener.) Sage doch dem Herrn Candidaten, er möge seine Buben einmal das Wasser abschlagen lassen. – Der arme Herr Hofprediger! Sein Frack läßt den Schweif ganz melancholisch hängen. Ich glaube er hat Ideale und verwandelt alle Kammerherrn in Kammerstühle. Er ist müde vom Stehen.

Zweiter Bediente. Alles Fleisch verdirbt vom Stehen. Auch der Hofprediger ist ganz a b gestanden, seit er heut Morgen aufgestanden.

Ceremonienmeister. Die Hofdamen stehen da, wie Gradirbäume, das Salz crystallisirt an ihren Halsketten.

Zweiter Bediente. Sie machens sich wenigstens bequem. Man kann ihnen nicht nachsagen, daß sie auf den Schultern tragen. Wenn sie nicht offenherzig sind, so sind sie doch offen bis zum Herzen.

Ceremonienmeister. Ja, sie sind gute Karten vom türkischen Reich, man sieht die Dardanellen und das Marmormeer. Fort, Ihr Schlingel! An die Fenster! Da kömmt Ihro Majestät.

(König Peter und der Staatsrath treten ein.)

Peter. Also auch die Prinzessin ist verschwunden? Hat man noch keine Spur von unserm geliebten Erbprinzen? Sind meine Befehle befolgt? Werden die Gränzen beobachtet?

Ceremonienmeister. Ja, Majestät. Die Aussicht von diesem Saal gestattet uns die strengste Aufsicht. (Zu dem ersten Bedienten.) Was hast Du gesehen?

Erster Bediente. Ein Hund, der seinen Herrn sucht, ist durch das Reich gelaufen.

Ceremonienmeister. (Zu einem andern.) Und Du?

Zweiter Bediente. Es geht jemand auf der Nordgränze spazieren, aber es ist nicht der Prinz, ich könnte ihn erkennen.

Ceremonienmeister. Und Du?

Dritter Diener. Sie verzeihen, Nichts.

Ceremonienmeister. Das ist sehr wenig. Und Du?

Vierter Diener. Auch Nichts.

Ceremonienmeister. Das ist noch weniger.

Peter. Aber, Staatsrath, habe ich nicht den Beschluß gefaßt, daß meine königliche Majestät sich an diesem Tag freuen und daß an ihm die Hochzeit gefeiert werden sollte? War das nicht unser festester Entschluß?

Präsident. Ja, Eure Majestät, so ist es protokollirt und aufgezeichnet.

König. Und würde ich mich nicht kompromitiren, wenn ich meinen Beschluß nicht ausführte?

Präsident. Wenn es anders für Eure Majestät möglich wäre sich zu kompromitiren, so wäre dieß ein Fall, worin sie sich kompromitiren könnte.

König Peter. Habe ich nicht mein königliches Wort gegeben? Ja, ich werde meinen Beschluß sogleich ins Werk setzen, ich werde mich freuen. (Er reibt sich die Hände.) O ich bin außerordentlich froh!

Präsident. Wir theilen sämmtlich die Gefühle Eurer Majestät, so weit es für Unterthanen möglich und schicklich ist.

Peter. O ich weiß mir vor Freude nicht zu helfen. Ich werde meinen Kammerherrn rothe Röcke machen lassen, ich werde einige Cadetten zu Lieutenants machen, ich werde meinen Unterthanen erlauben – aber, aber, die Hochzeit? Lautet die andere Hälfte des Beschlusses nicht, daß die Hochzeit gefeiert werden sollte?

Präsident. Ja, Eure Majestät.

Peter. Ja, wenn aber der Prinz nicht kommt und die Prinzessin auch nicht?

Präsident. Ja, wenn der Prinz nicht kommt und die Prinzessin auch nicht, – dann – dann

Peter. Dann, dann?

Präsident. Dann können sie sich allerdings nicht heirathen.

König. Halt, ist der Schluß logisch? Wenn – dann – richtig – Aber mein Wort, mein königliches Wort!

Präsident. Tröste sich Eure Majestät mit andern Majestäten. Ein königliches Wort ist ein Ding, – ein Ding, – ein Ding, – das nichts ist.

Peter. (Zu den Dienern.) Seht Ihr noch nichts?

Diener. Eure Majestät, nichts, gar nichts.

Peter. Und ich hatte beschlossen mich so zu freuen, grade mit dem Glockenschlag zwölf wollte ich anfangen und wollte mich freuen volle zwölf Stunden – ich werde ganz melancholisch.

Präsident. Alle Unterthanen werden aufgefordert die Gefühle Ihrer Majestät zu theilen.

Ceremonienmeister. Denjenigen, welche kein Schnupftuch bei sich haben, ist das Weinen jedoch Anstands halber untersagt.

Erster Bediente. Halt! Ich sehe was! Es ist etwas wie ein Vorsprung, wie eine Nase, das Übrige ist noch nicht über der Gränze; und dann seh' ich noch einen Mann und dann noch zwei Personen entgegengesetzten Geschlechts.

Ceremonienmeister. In welcher Richtung?

Erster Bediente. Sie kommen näher. Sie gehn auf das Schloß zu. Da sind sie.

(Valerio, Leonce, die Gouvernante und die Prinzessin treten maskirt auf.)

Peter. Wer seyd Ihr?

Valerio. Weiß ich's? (Er nimmt langsam hintereinander mehrere Masken ab.) Bin ich das? oder das? oder das? Wahrhaftig ich bekomme Angst, ich könnte mich so ganz auseinanderschälen und blättern.

Peter. (Verlegen.) Aber – aber etwas müßt Ihr dann doch seyn?

Valerio. Wenn Eure Majestät es so befehlen. Aber meine Herren hängen Sie alsdann die Spiegel herum und verstecken sie ihre blanken Knöpfe etwas und sehen sie mich nicht so an, daß ich mich in ihren Augen spiegeln muß, oder ich weiß wahrhaftig nicht mehr, wer ich eigentlich bin.

Peter. Der Mann bringt mich in Confusion, zur Desperation. Ich bin in der größten Verwirrung.

Valerio. Aber eigentlich wollte ich einer hohen und geehrten Gesellschaft verkündigen, daß hiemit die zwei weltberühmten Automaten angekommen sind und daß ich vielleicht der dritte und merkwürdigste von beiden bin, wenn ich eigentlich selbst recht wüßte, wer ich wäre, worüber man übrigens sich nicht wundern dürfte, da ich selbst gar nichts von dem weiß, was ich rede, ja auch nicht einmal weiß, daß ich es nicht weiß, so daß es höchst wahrscheinlich ist, daß man mich nur so reden läßt, und es eigentlich nichts als Walzen und Windschläuche sind, die das Alles sagen. (Mit schnarrendem Ton.) Sehen Sie hier meine Herren und Damen, zwei Personen beiderlei Geschlechts, ein Männchen und ein Weibchen, einen Herr und eine Dame. Nichts als Kunst und Mechanismus, nichts als Pappendeckel und Uhrfedern. Jede hat eine feine, feine Feder von Rubin unter dem Nagel der kleinen Zehe am rechten Fuß, man drückt ein klein wenig und die Mechanik läuft volle fünfzig Jahre. Diese Personen sind so vollkommen gearbeitet, daß man sie von andern Menschen gar nicht unterscheiden könnte, wenn man nicht wüßte, daß sie bloße Pappdeckel sind, man könnte sie eigentlich zu Mitgliedern der menschlichen Gesellschaft machen. Sie sind sehr edel, denn sie sprechen hochdeutsch. Sie sind sehr moralisch, denn sie stehen auf den Glockenschlag auf, essen auf den Glockenschlag zu Mittag, und gehen auf den Glockenschlag zu Bett, auch haben sie gute Verdauung, was beweist, daß sie ein gutes Gewissen haben. Sie haben ein feines sittliches Gefühl, denn die Dame hat gar kein Wort für den Begriff Beinkleider, und dem Herrn ist es rein unmöglich, hinter einem Frauenzimmer eine Treppe hinauf oder vor ihm hinunterzugehen. Sie sind sehr gebildet, denn die Dame singt alle neuen Opern und der Herr trägt Manschetten. Geben Sie Acht, meine Herren und Damen, sie sind jetzt in einem interessanten Stadium, der Mechanismus der Liebe fängt an sich zu äußern, der Herr hat der Dame schon einigemal den Schawl getragen, die Dame hat schon einigemal die Augen verdreht und gen Himmel geblickt. Beide haben schon mehrmals geflüstert: Glaube, Liebe, Hoffnung! beide sehen bereits ganz accordirt aus, es fehlt nur noch das einzige Wörtchen: Amen.

Peter. (Den Finger an die Nase legend.) In effigie? in effigie? Präsident, wenn man einen Menschen in effigie hängen läßt, ist das nicht eben so gut, als wenn er ordentlich gehängt würde?

Präsident. Verzeihen, Eure Majestät, es ist noch viel besser, denn es geschieht ihm kein Leid dabei, und er wird dennoch gehängt.

Peter. Jetzt hab' ich's. Wir feiern die Hochzeit in effigie. (Auf Leonce und Lena deutend.) Das ist der Prinz, das ist die Prinzessin. Ich werde meinen Beschluß durchsetzen, ich werde mich freuen. Laßt die Glocken läuten, macht Eure Glückwünsche zurecht, hurtig Herr Hofprediger.

(Der Hofprediger tritt vor, räuspert sich, blickt einigemal gen Himmel.)

Valerio. Fang an! Laß Deine vermaledeiten Gesichter und fang an! Wohlauf!

Hofprediger. (In der größten Verwirrung.) Wenn wir, oder, aber

Valerio. Sintemal und alldieweil –

Hofprediger. Denn –

Valerio. Es war vor Erschaffung der Welt –

Hofprediger. Daß –

Valerio. Gott lange Weile hatte –

Peter. Machen Sie es nur kurz, Bester.

Hofprediger. (Sich fassend.) Geruhen Eure Hoheit Prinz Leonce vom Reiche Popo und geruhen Eure Hoheit Prinzessin Lena vom Reiche Pipi, und geruhen Eure Hoheiten gegenseitig sich beiderseitig einander haben zu wollen, so sagen Sie ein lautes und vernehmliches Ja.

Lena und Leonce. Ja.

Hofprediger. So sage ich Amen.

Valerio. Gut gemacht, kurz und bündig, so wäre dann das Männlein und das Fräulein erschaffen und alle Thiere des Paradieses stehen um sie.

(Leonce nimmt die Maske ab.)

Alle. Der Prinz!

Peter. Der Prinz! Mein Sohn! Ich bin verloren, ich bin betrogen! (Er geht auf die Prinzessin los.) Wer ist die Person? Ich lasse Alles für ungültig erklären.

Gouvernante. (Nimmt der Prinzessinn die Maske ab, triumphirend<.>) Die Prinzessin!

Leonce. Lena?

Lena. Leonce?

Leonce. Ei Lena, ich glaube das war die Flucht in das Paradies. Ich bin betrogen.

Lena. Ich bin betrogen.

Leonce. O Zufall!

Lena. O Vorsehung!

Valerio. Ich muß lachen, ich muß lachen. Eure Hoheiten sind wahrhaftig durch den Zufall einander zugefallen, ich hoffe Sie werden, dem Zufall zu Gefallen, Gefallen aneinander finden.

Gouvernante. Daß meine alten Augen endlich das sehen konnten! Ein irrender Königssohn! Jetzt sterb ich ruhig.

Peter. Meine Kinder ich bin gerührt, ich weiß mich vor Rührung kaum zu lassen. Ich bin der glücklichste Mann! Ich lege aber auch hiermit feierlichst die Regierung in deine Hände, mein Sohn, und werde sogleich ungestört jetzt bloß nur noch zu denken anfangen. Mein Sohn, Du überlässest mir diese Weisen, (er deutet auf den Staatsrath) damit sie mich in meinen Bemühungen unterstützen. Kommen Sie meine Herren, wir müssen denken, ungestört denken. (Er entfernt sich mit dem Staatsrath.) Der Mensch hat mich vorhin confus gemacht, ich muß mir wieder heraushelfen.

Leonce. (Zu den Anwesenden.) Meine Herren, meine Gemahlin und ich bedauern unendlich, daß Sie uns heute so lange zu Diensten gestanden sind. Ihre Stellung ist so traurig, daß wir um keinen Preis ihre Standhaftigkeit länger auf die Probe stellen möchten. Gehn Sie jetzt nach Hause, aber vergessen Sie ihre Reden, Predigten und Verse nicht, denn morgen fangen wir in aller Ruhe und Gemüthlichkeit den Spaß noch einmal von vorn an. Auf Wiedersehn!

(Alle entfernen sich, Leonce, Lena, Valerio und die Gouvernante ausgenommen.)

Leonce. Nun Lena, siehst Du jetzt, wie wir die Taschen voll haben, voll Puppen und Spielzeug? Was wollen wir damit anfangen, wollen wir ihnen Schnurrbärte machen und ihnen Säbel anhängen? Oder wollen wir ihnen Fräcke anziehen, und sie infusorische Politik und Diplomatie treiben lassen und uns mit dem Mikroskop daneben setzen? Oder hast Du Verlangen nach einer Drehorgel auf der milchweiße ästhetische Spitzmäuse herumhuschen? Wollen wir ein Theater bauen? (Lena lehnt sich an ihn und schüttelt den Kopf.) Aber ich weiß besser was Du willst, wir lassen alle Uhren zerschlagen, alle Kalender verbieten und zählen Stunden und Monden nur nach der Blumenuhr, nur nach Blüthe und Frucht. Und dann umstellen wir das Ländchen mit Brennspiegeln, daß es keinen Winter mehr giebt und die uns im Sommer bis Ischia und Capri hinaufdestilliren, und wir das ganze Jahr zwischen Rosen und Veilchen, zwischen Orangen und Lorbeern stecken.

Valerio. Und ich werde Staatsminister und es wird ein Dekret erlassen, daß wer sich Schwielen in die Hände schafft unter Kuratel gestellt wird, daß wer sich krank arbeitet kriminalistisch strafbar ist, daß Jeder der sich rühmt sein Brod im Schweiße seines Angesichts zu essen, für verrückt und der menschlichen Gesellschaft gefährlich erklärt wird und dann legen wir uns in den Schatten und bitten Gott um Makkaroni, Melonen und Feigen, um musikalische Kehlen, klassische Leiber und eine komm<*o*>de Religion.

Anhang

Abkürzungen und Siglen

d1	*erster Druck von* Leonce und Lena *(als:* Leonce und Lena. Ein Lustspiel von Georg Büchner*) in: Telegraph für Deutschland. [Redigiert von Karl Gutzkow.] Nr. 76 [etwa 10. Mai] 1838 – Nr. 80 [etwa 19. Mai] 1838, S. 601–605, 609–613, 621–624, 629–631, 631–640*
d2	*zweiter Druck von* Leonce und Lena *in: Karl Gutzkow: Mosaik. Novellen und Skizzen. Leipzig 1842 (Karl Gutzkow: Vermischte Schriften. Bd. 3), S. 97–126*
d3	*dritter Druck von* Leonce und Lena *in: Georg Büchner: Nachgelassene Schriften. [Hrsg. von Ludwig Büchner.] Frankfurt am Main: J. D. Sauerländer 1850, S. 151–198*
GSA	*Goethe- und Schiller-Archiv Weimar*
H	*Handschrift des Autors (numeriert in der wahrscheinlichen Abfolge)*
h	*Abschrift von fremder Hand*
p.	*pagina, Seite einer Handschrift*
Z.	*Zeile*

Schriftarten und Zeichen

Text Antiqua	*in den beiden Drucken d1 und d2 im Wortlaut übereinstimmend überlieferter Text oder – im Falle einer Varianz – nur in Gutzkows Teildruck (d1) überlieferter Text*
Text Grotesk	*zusätzlich oder abweichend durch Ludwig Büchners Druck (d3) überlieferter Text*
<Text>	*Konjektur oder Ergänzung durch die Herausgeber*
+, ++	*unleserliche Buchstaben*

I. Entwurfshandschriften

1. H1

Vorrede.

Alfieri: e la fama?
Gozzi: e la fame?

Personen.

I. Act.

O wär' ich doch ein Narr!
Mein Ehrgeiz geht auf eine bunte Jacke.
Wie es Euch gefällt.

1. Scene.
Ein Garten.
Der Prinz, (halb ruhend auf einer Bank) der Hofmeister.

Prinz. Mein Herr, was wollen Sie von mir? Mich auf meinen Beruf vorbereiten? Ich habe alle Hände voll zu thun, ich weiß mir vor Arbeit nicht zu helfen. – Sehen Sie, erst habe ich auf den Stein hier dreihundert fünf und sechzigmal hintereinander zu spuken. Haben

Sie das noch nicht probiert? Thun Sie es, es gewährt eine ganz eigne Unterhaltung. Dann – sehen Sie dieße Hand voll Sand? – (er nimmt Sand auf, wirft ihn in die Höhe und fängt ihn mit dem Rücken der Hand wieder auf) – jezt werf' ich sie in die Höhe. Wollen wir wetten? Wieviel Körnchen hab' ich jezt auf dem Handrücken? Grad oder ungrad? – Wie? Sie wollen nicht wetten? Sind Sie ein Heide? Glauben Sie an Gott? Ich wette gewöhnlich mit mir selbst und kann es tagelang so treiben. Wenn Sie einen Menschen aufzutreiben wissen, der Lust hätte als mit mir zu wetten, so werden Sie mich sehr verbinden. Dann – habe ich nachzudenken, wie es wohl angehn mag, daß ich mir auf den Kopf sehe. O wer sich einmal auf den Kopf sehen könnte! Das ist eins von meinen Idealen. Mir wäre geholfen. Und dann – und dann noch unendlich Viel der Art. – Bin ich ein Müßiggänger? Habe ich jezt keine Beschäftigung? – Ja es ist traurig …

Hofmeister. Sehr traurig, Euer Hoheit.

Prinz. Daß die Wolken schon seit 3 Wochen von Westen nach Osten ziehen. Es macht mich ganz melancholisch.

Hofmeister. Eine sehr gegründete Melancholie.

Prinz. Mensch, warum widersprechen Sie mir nicht? Sie sind pressirt, nicht wahr? Es ist mir leid, daß ich Sie so lange aufgehalten habe.

(Der Hofmeister entfernt sich mit einer tiefen Verbeugung)

Mein Herr, ich gratulire Ihnen zu der schönen Parenthese, die ihre Beine machen, wenn Sie Sich verbeugen.

Prinz (allein, streckt sich auf der Bank aus)

Die Bienen sitzen so träg an den Blumen und der Sonnenschein liegt so faul auf dem Boden. Es krassirt ein entsetzlicher Müßiggang. – Müßiggang ist aller Laster Anfang. – Was die Leute nicht Alles aus Langeweile treiben, sie studiren aus Langeweile, sie beten aus Langeweile, sie verlieben, verheurathen und vermehren sich aus Langeweile und sterben endlich an der Langeweile und – und das ist der Humor davon – Alles mit den ernsthaftesten Gesichtern, ohne zu merken warum und meinen Gott weiß was dabey. Alle dieße Helden, dieße Genies, dieße Dummköpfe, dieße Sünder, dieße Heiligen, dieße Familienväter sind im Grunde nichts als raffinirte Müßiggänger. – Warum muß ich es grade wissen? Ich bin ein elender Spaßmacher? Warum kann ich meinen Spaß nicht auch mit einem ernsthaften Gesicht vorbringen? – Der Mann, der eben von mir gieng, ich beneidete ihn, ich hätte ihn aus Neid prügeln mögen. O, wer einmal jemand Anders seyn könnte! Nur 'ne Minute lang.

Valerio, halb trunken, kömmt gelaufen.

Prinz (faßt ihn am Arm) Kerl, du kannst laufen? Mein Gott, wenn ich nur etwas unter der Sonne wüßte, was mich noch könnte laufen machen.

Valerio (legt den Finger an die Nase und sieht ihn starr an) Ja!

Prinz (eben so) Richtig!

Valerio. Haben Sie mich begriffen?

Prinz. Vollkommen.

Valerio. Nun so wollen wir von etwas Anderm reden.
(er singt:)

Frau Wirthin hat 'ne brave Magd,
Sie sitzt im Garten Tag und Nacht.
Sie sitzt in ihrem Garten
Bis daß das Glöcklein zwölfe schlägt

– Ich werde mich indessen in das Gras legen und meine Nase oben zwischen den Halmen herausblühen lassen und romantische Empfindungen beziehen, wenn

Und paßt auf die
Solda – a – ten.

(Er setzt sich auf den Boden) Seht dieße Ameisen, liebe Kinder, es ist bewundernswürdig welcher Instinkt in dießen kleinen Geschöpfen, Ordnung, Fleiß – Herr, es giebt nur drei Arten sein Geld auf eine menschliche Weise zu verdienen, es finden, in der Lotterie gewinnen, erben oder in Gottes-Namen stehlen, wenn man die Geschicklichkeit hat keine Gewissensbisse zu bekommen.

Prinz. Du bist mit dießen Principien ziemlich alt geworden ohne vor Hunger oder am Galgen zu sterben.

Valerio. (ihn immer starr ansehend) Ja Herr, und das behaupte ich, wer sein Geld auf eine andere Art erwirbt ist ein Schuft.

Prinz. Denn wer arbeitet ist ein subtiler Selbstmörder, und ein Selbstmörder ist ein Verbrecher und ein Verbrecher ist ein Schuft, also, wer arbeitet ist ein Schuft.

Valerio. Ja. – Aber dennoch sind die Ameisen ein sehr nützliches Ungeziefer und doch sind sie wieder nicht so nützlich, als wenn sie gar keinen Schaden thäten. Nichts destodie Bienen und Schmetterlinge sich darauf wiegen, wie auf einer Rose.

Prinz. Aber Bester, schnaufen Sie nicht so stark oder die Bienen und Schmetterlinge müssen verhungern über den ungeheuren Prisen die sie aus den Blumen ziehen.

Valerio. Ach, Herr, was ich ein Gefühl für die Natur habe. Das Gras steht so schön, daß man ein Ochs seyn möchte um es fressen zu können und dann wieder ein Mensch um den Ochsen zu fressen, der solches Gras gefressen.

Prinz. Unglücklicher, Sie scheinen auch an Idealen zu laboriren.

Valerio. O Gott! ich laufe schon seit 8 Tagen einem Ideal von Rindfleisch nach, ohne es irgendwo in der Realität anzutreffen weniger, werthestes Ungeziefer, kann ich mir nicht das Vergnügen versagen einigen von Ihnen mit der Ferse auf den Hintern zu schlagen, die Nasen zu putzen und die Nägel zu schneiden.

Zwei Polizeydiener treten auf.

1. Polizeydiener. Halt, wo ist der Kerl?

2. Polizeydiener. Da sind zwei.

1. Polizeydiener. Sieh einmal ob Keiner davon laüft?

2. Polizeydiener. Ich glaube es laüft Keiner.

1. Polizeydiener. So müssen wir sie Beyde inquiriren.
Meine Herren, wir suchen Jemand, ein Subject, ein Individuum, eine Person, einen Delinquenten, einen Inquisiten, einen Kerl.
(zu dem andern Polizeydiener) Sieh einmal, wird Keiner roth?

2. Polizeydiener. Es ist Keiner roth geworden.

1. Polizeydiener. So müssen wir es anders probiren. – Wo ist der Steckbrief, das Signalement, das Certificat? (2. Polizeydiener zieht ein Papier aus der Tasche und überreicht es ihm.) Visire die Subjecte, ich will lesen: ein Mensch –

2. Polizeydiener. Paßt nicht, es sind zwei.

1. Polizeydiener. Dummkopf! geht auf 2 Füßen, hat zwei Arme, ferner einen Mund, eine Nase, zwei Augen, zwei Ohren. Besondere Kennzeichen: ist ein höchst gefährliches Individuum.

2. Polizeydiener. Das paßt auf Beyde. Soll ich sie Beyde arretiren?

1. Polizeydiener. Zwei, das ist gefährlich wir sind auch nur zwei. Aber ich will einen Rapport machen.

Es ist ein Fall von sehr kriminalischer Verwicklung oder sehr verwickelter Kriminalität. Denn wenn ich mich betrinke und mich in mein Bett lege, so ist das meine Sache und geht Niemand was an, wenn ich aber mein Bett vertrinke, so ist das die Sache von wem, Schlingel?

2. Polizeydiener. Ja, ich weiß nicht.

1. Polizeydiener. Ja, ich auch nicht. Aber das ist der Punkt. (Sie gehen ab.)

Valerio. Da laügne einer die Vorsehung. Seht was man nicht mit einem Floh ausrichten kann! Denn wenn es mich nicht heute Nacht überlaufen hätte, so hätte ich nicht den Morgen mein Bett an die Sonne getragen und hätte ich es nicht an die Sonne getragen, so wäre ich nicht damit neben das Wirthshaus zum Mond gerathen, und wenn Sonne und Mond es nicht beschienen hätten, so hätte ich aus meinem Strohsack keinen Wein keltern und mich daran betrinken können und wenn das Alles nicht geschehen wäre, so wäre ich jezt nicht in Ihrer Gesellschaft, wertheste Ameisen, und würde von Ihnen scelettirt und von der Sonne aufgetrocknet, sondern würde ein Stück Fleisch tranchiren und eine Bouteille Wein austrocknen – im Spital nemlich.

Prinz. Ein erbaulicher Lebenslauf.

Valerio. Ich habe eigentlich einen läufigen Lebenslauf. Denn nur mein Laufen hat im Lauf dießes Krieges mein Leben vor einem Lauf gerettet, der ein Loch in dasselbe machen wollte. Ich bekam in Folge dießer Rettung eines Menschenlebens einen trocknen Husten, welcher den Doctor annehmen ließ, daß mein Laufen ein Galoppiren geworden sey und ich die galoppirende Auszehrung hätte. Da ich nun zugleich fand, daß ich ohne Zehrung sey, so verfiel ich in oder vielmehr auf ein zehrendes Fieber, worin ich täglich um dem Vaterland einen Vertheidiger zu erhalten, gute Suppe, gutes Rindfleisch, gutes Brod essen und guten Wein trinken mußte.

Prinz. Nun Edelster, dein Handwerk, dein métier, deine Profession, dein Gewerbe, dein Stand, deine Kunst?

Valerio. Herr, ich habe die große Beschäftigung müßig zu gehen, ich habe eine ungemeine Fertigkeit im Nichts-thun, ich besitze eine ungeheure Ausdauer in der Faulheit,

2. *H2*

H2,1

Gouvernante. (weint) Lieber Engel, du bist ein wahres Opferlamm.

Lena. Ja wohl, und der Priester hebt schon das Messer. – O Gott, ist es denn wahr, daß wir uns selbst erlösen müssen mit unserm Schmerz? Ist es denn wahr die Welt sey ein gekreuzigter Heiland, die Sonne seine Dornenkrone und die Sterne die Nägel und Speere in seinen Füßen und Lenden?

Gouvernante. Mein Kind, mein Kind! ich kann dich nicht so sehen. – Vielleicht, wer weiß. Ich habe so etwas im Kopf. Wir wollen sehen. Komm! (sie führt die Prinzessinn weg.)

II. Act.

Wie ist mir eine Stimme doch erklungen im tiefsten Innern
Und hat

H2,2

Steh auf in deinem weißen Kleid und schwebe durch die Nacht und sprich zur Leiche steh auf und wandle.

Lena. Die heiligen Lippen, die so sprachen, sind längst Staub.

Leonce. O nein,

H2,3

Valerio. Heirathen?

Prinz. Das heißt Leben und Liebe eins sein lassen, daß die Liebe das Leben ist, und das Leben die Liebe. Weißt du auch Valerio, daß auch der Geringste so groß ist, daß das menschliche Leben viel zu kurz ist um ihn lieben zu können? Und dann kann ich doch den Leuten das Vergnügen gönnen, die meinen daß nichts so Schön und heilig sey, daß sie es nicht noch schöner und heiliger machen müßten. Es liegt ein gewisser Genuß in der Meinung, warum sollt' ich ihn ihnen nicht gönnen.

Valerio. Ja, nur ich denke, daß der Wein noch lange kein Mensch ist und daß man ihn doch sein ganzes Leben lieben kann. Aber weiß sie auch wie sie sind.

Leonce. Sie weiß nur, daß sie mich liebt.

Valerio. Und wissen sie auch wie sie ist?

Leonce. Dummkopf! Sie ist so Blume, daß sie kaum getauft seyn kann, eine geschlossne Knospe, noch ganz ++s+chen vom Morgenthau und dem Traum des Nachtendes.

Valerio. Gut meinetwegen. Wie soll das gehn? Prinz, bin ich Minister, wenn Sie heute vor Ihrem Vater mit der Unaussprechlichen Namlosen kopulirt werden?

Leonce. Wie ist das möglich?

Valerio. Das wird sich finden bin ich's?

Leonce. Mein Wort.

Valerio. Danke. Kommen Sie.

II. Der Erstdruck

Leonce und Lena.

Ein Lustspiel von Georg Büchner.

Ich habe das Versprechen gegeben,*) einige der von Georg Büchner noch vorhandenen poetischen Reliquien zu veröffentlichen. Das Lustspiel Leonce und Lena erinnert stark an Pon<*c*>e de Leon von A. Brentano; derselbe zarte Elfenmährchenton, dasselbe bühnenwidrige Mondscheinflimmern der Charakteristik, dasselbe lyrische Übergewicht der Worte über die Handlung; nur ist Brentanos Witz keuscher, als Büchners. Büchner war derb in seinen Anspielungen und die politischen darunter kennt Brentano gar nicht. Auch dieses kleine Lustspiel ist wie Dantons Tod**) von G. Büchner nur ein schnell hingeworfener Versuch und würde, wenn man es ganz veröffentlichen wollte und – dürfte, nur die Hoffnungen andeuten, die man auf des jungen Dichters Zukunft setzen konnte. Ich will, indem ich den einfachen Gang des kleinen idyllischen Lustspiels verfolge, sehen, ob sich eine oder die andre Scene im Zusammenhang abdrucken läßt.

Die Vorrede, die G. Büchner zu seinem Lustspiel, das er verspätet an die Stuttgarter Preisrichter vor zwei Jahren einsandte, schrieb, besteht aus zwei Sätzen, die sehr naiv ausdrücken, daß er mit seiner Dichtung etwas zu verdienen hoffte. Sie heißt:

<folgt Text 5,4f.:> Alfieri *bis* la fame?“

---

*) Siehe meine so eben erschienenen: Götter, Helden, Don Quixote S. 49.

**) Erschienen bei J. D. Sauerländer in Frankfurt a. M. K. G.

Die Personen des Stücks sind:

<*folgt Text 6,2–13:*> König Peter *bis* Bauern, etc. etc.

Die erste Scene des ersten Aktes stellt einen Garten vor, auf dessen Bänken sich der Kronprinz Leonce mit seinem Hofmeister entsetzlich ennüyirt. Er sagt ihm, daß er alle Hände voll mit seinem Müßiggang zu thun hätte, nachzählen müsse, wie oft er täglich ausspeie, und wie viel Sandkörner er mit zwei Fingern fassen könne. Auch forsche er darüber nach, wie er ohne Spiegel sich selber ins Gesicht sehen könne. Der Hofmeister bemitleidet ihn seines Müssiggangs wegen. Der Prinz verabschiedet ihn und setzt in einem Monolog, der folgendermaßen anfängt: „Die Bienen sitzen so träg auf den Blumen und der Sonnenschein liegt so faul auf dem Boden" die Leiden der Langenweile auseinander, und wünscht nichts sehnlicher, als ein anderer Mensch zu werden. Wenn er den Hofmeister prügeln ließe, so müßte er ihn beneiden; der Mann hätte doch eine Abwechselung davon! Nun tritt der Narr Valerio auf. Er ist betrunken und singt:

Frau Wirthin hat' ne brave Magd,
Sie sitzt im Garten Tag und Nacht,
Sie sitzt in ihrem Garten,
Bis daß das Glöcklein zwölfe schlägt
Und paßt auf die Solda–a–ten.

Darauf philosophirt er über die Ameisen und sagt: „Die Ameisen sind ein nützliches Ungeziefer, und doch sind sie wieder nicht so nützlich, als wenn sie gar keinen Schaden thäten." Er bewundert die schöne Natur ringsherum und schlürft so viel Blumenduft ein, daß der Prinz fürchtet, seine Bienen könnten verhungern, weil er ihnen die duftige Nahrung entzieht. Valerio meint auch, das schöne Gras würde andre begeistern, daß sie darauf weiden möchten; er aber möchte bloß ein Mensch bleiben, um Thiere zu verzehren, die von so herrlichem Grase gemästet wären. Als ihm der Prinz darauf antwortete, er scheine auch an Idealen zu leiden, sagt Valerio: Was man in einer Welt solle, wo es rein unmöglich wäre, von einem Kirchthurm zu springen, ohne sich den Hals zu brechen. Valerio spricht mit den Blumen – man sieht, wie lyrisch dies Alles ist und wie Recht Herr von Alvensleben hat, der neuen Literatur ihre totale Unfähigkeit für das Drama vorzuwerfen – und sagt unter andern: „Ach lieber Herr Medikus Kantharide, ich bin um einen Erbprinzen verlegen!“ – ein Witz, den zu verstehen, man Arzt seyn muß, was Büchner war. Genug, Valerio und der Kronprinz lieben sich, weil sie beide müssig gehen und schließen ewige Freundschaft.

Die zweite Scene setzen wir her:

<folgt Text 11,5–12,31:> Ein Zimmer *bis* Staatsrath folgt ihm.)

Wir lernen eine Freundin des Prinzen kennen, Rosette. Der Prinz ordnet ihren Empfang mit folgenden Befehlen an:

<folgt Text 13,4–13,11:> Sind alle Läden *bis* Alle hinaus!

Es entspinnt sich ein zartes Gespräch, in welchem Leonce hinlänglich offenbart, daß er nur mit Rosetten spielt, und Rosette, daß sie darüber sehr unglücklich ist. Sie singt ihm folgende zarte Verse:

<folgt Text 14,23–14,34:> O meine müden Füße *bis* Von euren Schmerzen.

Leonce fühlt, daß er ein Römer ist, der sich zum Dessert an dem Farbenspiel gequälter Fische ergötzt. Daß Rosetta weint, beneidet er ihr, als einen feinen Epikuräismus. „Stelle dich in die Sonne, sagt er, daß die köstlichen Tropfen krystallisiren, es muß prächtige Diamanten geben. Du kannst dir ein Halsband daraus machen lassen.“ Rosetta, von ihm zu sehr gequält, geht, Leonce verfällt in partielle Geistesabwesenheit, in welche der unter einem Tisch hervorkriechende Valerio einstimmt. So trifft sie der Staatsrath.

<*folgt Text 18,25–21,15:*> Der Staatsrath tritt auf. *bis* Ist das nicht unterhaltend?

Leonce findet diese Aussicht, König zu werden, jedoch zu entsetzlich und entschließt sich, namentlich auch, um der beabsichtigten Heirath zu entgehen, zur Flucht nach Italien. Valerio verspricht, ihn zu begleiten. Der Prinz ruft aus:

<*folgt Text 22,7–17:*> Fühlst du nicht *bis* Wir gehen nach Italien.

In der vierten Scene lernen wir die Prinzessin Lena kennen, die mit ihrer Gouvernante in einem Garten auftritt. Ihr ist der Gedanke des Heirathens so schrecklich wie ihrem ihr unbekannten Verlobten. Sie ist über und über mit Steinen besäet und singt doch:

<*folgt Text 22,29f.:*> Auf dem Kirchhof *bis* in der Wiegen, –

Ihr Unglück ist nicht grade das Heirathenmüssen, sondern daß man einen Nagel durch zwei Hände schlägt, die sich gar nicht gesucht haben. „Bin ich denn, klagt sie, wie die Quelle, die jedes Bild, das sich in ihr spiegelt, zurückstrahlen muß?“ Ihre Gouvernante sinnt etwas aus, das wir im zweiten Akt erfahren werden.

Der zweite Akt, über welchen G. Büchner Chammissos Verse setzte:

<*folgt Text 24,2–5:*> Wie ist mir *bis* All mein Erinnern!

beginnt mit der Ankunft des Prinzen und Valerios auf freiem Felde. Ein Wirthshaus steht im Hintergrunde, als dankbare Belohnung für die rastlose Wanderung.

<*folgt Text 24,10–44,6:*> Valerio. (Keuchend.) *bis* eine kommode Religion.

Das ist Georg Büchners Leonce und Lena! Unsre grassirenden Bühnendichter könnten ruhig schlafen, selbst wenn der Dichter noch lebte; er würde ihnen keinen Schaden zugefügt haben! Das Ganze ist ein Hauch, ein Klang; es duftet und läutet, aber „Mise en Scene" ist damit nicht möglich, selbst wenn A. Lewald käme. Erreichte Büchner auch nicht die klassische Höhe eines Angely, eines Nestroy, einer Birchpfeiffer, so haben wir doch in ihm ein bescheidenes Talent entdeckt, welches allenfalls mit untergeordneten Kräften, etwa mit Achim von Arnim und mit Clemenz Brentano verglichen werden dürfte.!

III. Ausgewählte Varianten zwischen den Drucken d1 und d3 sowie Druckfehler

5 *und* 6,2–12 *Untertitel und Personen in d1 nicht gesperrt*
6,2 Popo] Po-Po *d1*
6,4 vom Reiche Pipi] *nicht d1*
6,13 etc. etc.] u. s. w. *d3*
7,3 eine] *so H1,* meine *d3 (vermutlich Druckfehler)*
7,19 Wieviel] Wiewiel *d3 (Druckfehler)*
8,16 an] auf *d1*
10,9f. bester Herr Leibmedicus Cantharide] lieber Herr Medikus Kantharide *d1*
11,10 fast nackt] *nicht d3*
11,13f. ist mein Hemd, meine Hose] sind meine Schuhe, meine Hosen *d3*
11,14 pfui!] *nicht d3*
davorn] *nicht d3*
11,19 Ha] He *d3*
11,25 König] Peter *d1*
11,27 Nun an] Nun, und *d3*
11,31 Taschentuch] Schnupftuch *d3*
knüpfen] knöpfen *d3*
12,5 das ist's,] *nicht d1*
12,5f. Ich wollte mich an mein Volk erinnern!] *nicht d3*
12,26 König Peter] Peter *d3*
14,25 tief, tief] tief *d3*
14,27 glühen] glühn *d3*
14,28 wilden] milden *d3*
14,29 blühen] blühn – *d3*
14,33 lieber schlieft ihr aus im Dunkeln] schlieft im Dunkel lieber aus *d3*
15,4 Dessert] Desert *d3 (Druckfehler)*
15,10 daß] damit *d3*
15,12 daraus] *nicht d3*
15,30 Weinst] Meinst *d3 (Druck- oder Lesefehler)*

16,15 In] Zn *d3 (Druckfehler nur in einem Teil der Auflage)*
16,30 todtmüden] todmüden *d3 (Druckfehler)*
18,28 Wie,] Wie *d3*
18,33 einmal] einst *d3*
18,34 Niemand] Niemanden *d3*
ein, als] ein – außer *d3*
19,1–15 Präsident (verlegen *bis* Rede zurücktritt.] *nicht d1*
19,21 von Pipi] *nicht d1*
19,22 Ihro] Ihre *d3*
19,28 Augenbraunen] Augenbrauen *d3*
19,29 war kein] waren keine *d3*
zu sehen] *nicht d3*
19,30 Abzugsgruben] Abzugsgräben *d3*
19,34 an der königlichen Tafel] *nicht d3*
19,34–36 verbrennt, ein Kapaun *bis* bekommt] verbrennt *d1*
20,1 A propos, hatten] Hatten *d1*
20,12 sie ja] sie *d3*
doch nicht] kaum *d3*
20,13–15 (Er spreizt *bis* erinnern.] *nicht d1*
20,17f. Soll ich *bis* gingen?] *nicht d1*
20,20f. Du hast *bis* erzeugt.] *nicht d1*
20,34 und Valerio] *nicht d1*
20,35–21,4 (allein). *bis* zurück). Ach] *nicht d1*
21,7 lustige] lästige *d1*
21,14 Zwirnfaden] Zwirnsfäden *d3*
22,8f. auf und ab wogt] auf- und abwogt *d1*
22,12 schläft] schluft *d1 (Druckfehler)*
22,14 vom Tarantella] von Tarantella *d3*
23,15f. arme, hilflose] *nicht dl*
23,16f. über sie *bis* abspiegeln] in ihr spiegelt, zurückstrahlen *dl*
24,6 Adalbert von Chamisso.] *nicht d1; dort im Referat*

24,14 Furcht] Furcht, *d1*
24,16 stünde] stände *d3*
24,20 wenigstens] nächstens *d3*
24,22 verflüchtigst] verflügtigst *d1*
24,27 Ihnen denselben scheeren und sie] sie Ihnen *d3*
24,28 ließ] ließe *d3*
– Ein köstlicher Einfall.] *nicht d1*
25,11 schön und unendlich geistlos] schön, aber dumm *d1*
25,30–26,2 Hätte ich *bis* inwendig anziehen.] *nicht d1*
26,3 Pack] Gott *d1*
26,5 lieben Hosen, wie] lieben verkauften Hosen, (denn verkaufen will ich sie) wie *d1*
26,7 ins Maul] in den Mund *d3*
26,9 Gouvernante] Gouvernante (kommen) *d3*
26,10 Gouvernante] Die Gouvernante *d3*
26,18 keine Eremiten] keinen Eremiten *d3*
keine Schäfer] keinen Schäfer *d3*
26,26f. Was ein *bis* Kukuksblumen und] Ein rother Blumenschein spielt über die Wiesen, und *d3*
27,5 liefern Ihre Hosen] liefern Ihnen die zur Bezahlung gegebenen Hosen *d1*
27,10 greisen] großen *d3*
27,13 alt] so alt *d3*
27,20 über dich] über dir *d3*
27,21 dem] den *d3*
Weinblumen] Weinblume *d3*
27,26 auf] nur auf *d3*
27,26–28 zwei, *bis* Füßen] zweien *d3*
27,30 irgend einer] einer *d3*
fürstlichen] *nicht d3*
27,31–33 finden, die *bis* zupfe] finden *d1*
28,5 sie macht keine Geburtsschmerzen,] *nicht d1*
28,16 kommt] geht und kommt *d3*
28,29f. Langeweile] Langerweile *d1*
28,30f. der Kartenkönig] ein Kartenkönig *d3*
29,1 Prise] Priese *d1*

29,3 weiland Waden] Füße *d1*
29,4 respectabeln Strumpfbändern] Strumpfbändern *d1*
29,6 das Maul] den Mund *d3*
29,9 Ihre] Solch' eine *d3*
29,10 Damaskus] Damascum *d3*
29,18f. für müde Augen] müden Augen *d3*
29,19 müde Lippen] müden Lippen *d3*
29,20 müde Ohren] müden Ohren *d3*
29,21 ins] in das *d3*
29,24 Schuhen?"] Schuhen? *d1* Schuhen –?" *d3*
30,3 dorthin] *nicht d3*
30,14 den Winter] und den Winter *d3*
30,15 ein] sein *d3*
30,26 Harmonieen] Harmonie *d3*
31,5 ist] wäre *d3*
nicht so schön, als] noch schöner, *d3*
31,7 in] an *d3*
31,9 draußen quaken] da außen quaken *d3*
31,10 draußen die] da außen die *d3*
31,11f. (Er legt sich auf den Rasen nieder.)] *nicht d3*
31,13–15 Leonce. (Tritt auf.) *bis* leise.)] Leonce tritt auf, bemerkt die Prinzessin und nähert sich ihr leise. *d3*
31,23–25 brennen. *bis* küssen? Ach es] brennen! Armes Kind! Es *d3*
31,27 Kleid] Kleide *d1*
31,29 Todtenlied] Sterbelied *d3*
32,12 entgegen] mir entgegen *d3*
32,15 Meine *bis* daran: dieser] Dieser *d3*
32,26 hinaus zu werfen] hinauszuwerfen *d1*
32,32f. gehen zu wollen] zu gehn *d1*
32,34 den Flöhen] dem Ungeziefer *d3*
33,2f. so vortrefflich] vortrefflich *d3*
33,9 Wohl bekomm's] Leonce. Wohl bekomm's *d1* *(Sprecherwechsel)*
34,9 doch einer] einer *d1*
34,19 Dummkopf!] *nicht d1*

35,11 Streckt] Steckt *d1*
35,12 daß] damit *d3*
35,16 daß] damit *d3*
35,21 mehr] noch *d3*
35,23 sämmtliche] „Sämmtliche *d1*
35,25 aufstellen.] aufstellen.“ *d1*
35,28f. mit den Fingern] *nicht d3*
35,35 He!] *nicht d1*
36,1 Bauern] Die Bauern *d3*
36,3 Bauern] Die Bauern *d3*
36,5 Bauern] Die Bauern *d3*
36,8–11 Wir geben *bis* die Köpfe.] *nicht d1*
36,12 Dritte] Zweite *d1*
36,21 Von den] Die *d1*
36,21–23 ist Keine, die *bis* Sie] *nicht dl*
36,24 Hofpoet] Hof-Poet *d1*
36,26–37,3 Haltung. *bis* Ceremonienmeister. Die] Haltung, und die *d3*
37,4 Gradirbäume] Gradierbäue *d3*
37,6 machens] machen es *d3*
37,8 tragen] trügen *d3*
sie] sie auch *d3*
37,11 die Dardanellen und das] das *d1*
37,15 Also auch] Auch *d3*
verschwunden?] verschwunden. *d3*
37,29 Diener] Bedienter *d3*
37,30 Ceremonienmeister] Cermonienmeister *d1 (Druckfehler)*
37,32 noch weniger] eben so wenig *d3*
38,5 König] Peter *d3*
38,8 dieß] dies *d1*
38,10 König Peter] Peter *d3*
38,28 allerdings] eben *d3*
38,30 König] Peter *d3*
38,32 Tröste sich Eure Majestät] Tröste Eure Majestät sich *d3*

38,33f. – ein Ding, – ein Ding, – das nichts ist.] ein Ding das nichts – *d1*
39,1 Diener] Die Diener *d3*
39,3 Glockenschlag zwölf] Glockenschlag *d3*
39,5 ganz melancholisch] melancholisch *d1*
39,11 was] etwas *d3*
39,14 noch zwei] zwei *d3*
39,26 dann] denn *d1*
39,29 alsdann] dann *d1*
39,33 wer] was *d3*
39,34 Mann] Mensch *d3*
40,14 Herr] Herrn *d3*
40,19 fünfzig] funfzig *d1*
40,22 bloße] bloßer *d3*
40,28 gute] eine gute *d3*
40,29–33 Sie haben *bis* hinunterzugehen.] *nicht d1*
41,1 Stadium] Studium *d1 (Druckfehler)*
41,7 einzige] winzige *d3*
41,8 legend.] *nicht d3*
41,16 Leonce und Lena] Lena und Leonce *d3*
41,16f. der Prinz, das ist die Prinzessin.] die Prinzessin, das ist der Prinz. – *d3*
41,23 vermaledeiten] fatalen *d1*
41,33 Hofprediger] Hofpredgier *d1 (Druckfehler)*
41,34 vom Reiche Popo] *nicht d1*
41,35 vom Reiche Pipi] *nicht d1*
42,1 haben] *nicht d1*
sagen] sprechen *d3*
42,5 wäre] wären *d3*
dann] denn *d1*
42,6 das Fräulein] Fräulein *d3*
42,7 des Paradieses] im Paradies *d3*
42,13 Prinzessinn] Prinzessin *d1*
42,14 triumphirend.)] triumphirend,) *d1 (Druckfehler)*; triumphirend). *d3*

42,18 Ich] Lena. Ich *d3 (Sprecherwechsel)*
42,19 Lena] Leonce *d3*
42,20 Leonce] Lena *d3*
42,21 Lena] Leonce *d3*
42,22 lachen, ich muß lachen] lachen *d1*
42,26 endlich] *nicht d1*
42,29 mich] mir *d3*
42,30 lassen] helfen *d3*
42,33 jetzt bloß nur noch] *nicht d3*
43,2 f. Der Mensch *bis* heraushelfen.] *nicht d1*
43,15 Nun] Nun, *d1*
43,17 anfangen, wollen] anfangen? Wollen *d1*
43,22 milchweiße ästhetische] die milchweißen ästhetischen *d3*
43,30 die] wir *d3*
43,30 f. hinaufdestilliren] hinauf distilliren *d1*
43,31 wir] *nicht d3*
43,32 Lorbeern] Lorbeer *d3*
44,5 Leiber] Gestalten *d1*
44,6 eine kommode] eine kommende *d3 (Lesefehler)*; eine, wo möglich, bequeme *d1*

IV. Burghard Dedner: Nachwort

1. Entstehung

Im Herbst 1835 hatte Büchner an der Erzählung *Lenz* geschrieben, dieses Projekt aber abgebrochen, als nach der Verhaftung Karl Gutzkows im November 1835 und dem Verbot der Zeitschrift *Deutsche Revue*, wo die Erzählung erscheinen sollte, ein dringlicher Grund für deren Fertigstellung entfiel.[1] Am 1. Januar 1836 berichtete er den Eltern über die neue Situation und fügte hinzu: »Ich gehe meinen Weg für mich und bleibe auf dem Felde des Drama's, das mit all diesen Streitfragen nichts zu thun hat; ich zeichne meine Charaktere, wie ich sie der Natur und der Geschichte angemessen halte [...].«

Ob Büchner schon zu dieser Zeit an bestimmte Dramen, darunter auch an *Leonce und Lena*, dachte, wissen wir nicht; es ist jedoch nicht auszuschließen, denn Anregungen für das Lustspiel hatte er bereits länger zuvor erhalten. In dem etwa parallel zu *Leonce und Lena* entstandenen *Woyzeck* griff Büchner Anstöße aus der vermutlich schon Jahre zurückliegenden Lektüre der zwischen 1824 und 1826 veröffentlichten Clarus-Gutachten auf,[2] und zu den konzeptionellen Anlässen des Lustspiels gehörten die Ende 1833 und Anfang 1834 organisierten Feierlichkeiten zur Hochzeit der bayerischen

1 Zu Einzelheiten vgl. u. a. Georg Büchner: Lenz. Hrsg. von Burghard Dedner und Hubert Gersch unter Mitarbeit von Eva-Maria Vering und Werner Weiland. Darmstadt 2001 (Georg Büchner: Sämtliche Werke und Schriften. Historisch-kritische Ausgabe mit Quellendokumentation und Kommentar [Marburger Ausgabe]. Hrsg. von Burghard Dedner und Thomas Michael Mayer. Bd. V), S. 143f.

2 Vgl. Burghard Dedner unter Mitarbeit von Gerald Funk und Christian Schmidt: Erläuterungen und Dokumente. Georg Büchner: Woyzeck. Stuttgart 2000 (Reclams Universal-Bibliothek 16013), S. 121–157.

Prinzessin Mathilde mit dem hessen-darmstädtischen Erbgroßherzog Ludwig (III.), die Büchner teils aus eigener Anschauung, teils durch die Lektüre einer *Chronik der Feierlichkeiten* kennen konnte.[3] Auch ein weiterer Impuls, Alfred de Mussets Komödie *Fantasio*, in der die Hochzeit einer bayerischen Prinzessin mit einem auswärtigen Bewerber Teil der Handlung ist, wurde um diese Zeit publiziert[4] und war Büchner sicher seit dem Frühjahr 1835 bekannt.[5] Die vorrangige Aufgabe war für Büchner freilich zwischen Ende 1835 und Mai 1836 die Fertigstellung seiner naturwissenschaftlichen Dissertation. Die Arbeitsergebnisse präsentierte er zwischen dem 13. April und 4. Mai in drei Lesungen vor der Straßburger »Société du Muséum d'histoire naturelle«, die deren Veröffentlichung in ihrer Schriftenreihe beschloß. Die Arbeit erschien im April 1837, bald nach Büchners Tod, unter dem Titel *Mémoire sur le système nerveux du barbeau.*

»[S]chreiben habe ich die Zeit nichts können«, erklärte Büchner rückblickend in einem Brief an seinen Freund

3 Chronik der Feierlichkeiten, welche auf Veranlassung der hohen Vermählung Seiner Hoheit des Erbgroßherzogs Ludwig von Hessen mit Ihrer Königl[ichen] Hoheit der Prinzessin Mathilde von Bayern in Bayern und Hessen Statt fanden. [...] [Hrsg. von Heinrich Künzel und Friederich Metz.] Darmstadt 1834; mit Verzeichnung der Quellenabhängigkeiten teilweise abgedruckt in: Georg Büchner: Leonce und Lena. Hrsg. von Burghard Dedner unter Mitarbeit von Arnd Beise und Eva-Maria Vering. Text von Burghard Dedner und Thomas Michael Mayer. Darmstadt 2003 (Georg Büchner: Sämtliche Werke und Schriften. Historisch-kritische Ausgabe mit Quellendokumentation und Kommentar [Marburger Ausgabe]. Hrsg. von Burghard Dedner und Thomas Michael Mayer. Bd. VI), S. 401–423.

4 Mit Verzeichnung der Quellenabhängigkeiten teilweise abgedruckt in: ebd., S. 355–378.

5 Alfred de Musset: Un Spectacle dans un Fauteuil. Prose. 2 Bde. Paris/London 1834; hier Bd. 2, S. 103–187. – Vermutlich Anfang Mai 1835 äußerte sich Büchner in einem Brief an Gutzkow vergleichend über Alfred de Musset und Victor Hugo; dieser reagierte in einem Brief vom 12. Mai 1835.

Eugen Boeckel vom 1. Juni 1836; jetzt aber wolle er »sehen, wie ich mir in den nächsten 6–8 Wochen Rock und Hosen aus meinen großen weißen Papierbogen, die ich vollschmieren soll, schneiden werde.« Auch in dem kurz zuvor geschriebenen Brief an Gutzkow war von Dramenplänen, genauer wohl: von projektierten »Ferkeldramen« die Rede, worauf Gutzkow am 10. Juni 1836 mit dem Satz antwortete: »Von Ihren ›Ferkeldramen‹ erwarte ich mehr als Ferkelhaftes.« Büchner plante demnach die Abfassung mehrerer Dramen, also wohl eine Buchveröffentlichung, und diese hoffte er Mitte bis Ende Juli abzuschließen – eine extrem optimistische Einschätzung. Eines der vorgesehenen Dramen war *Leonce und Lena*, das andere *Woyzeck*.

Wie schon bei *Danton's Tod*, einem Drama, das er im Wettlauf mit den Polizeibehörden geschrieben hatte, arbeitete Büchner auch jetzt zunächst wieder unter Zeitdruck, der in diesem Fall durch einen Wettbewerb verursacht wurde, den die Cotta'sche Verlagsbuchhandlung in Stuttgart für »das beste ein- oder zweiaktige Lustspiel in Prosa oder Versen« ausgeschrieben hatte. Einsendetermin war – seit Ende Januar – der 1. Juli 1836.[6] Zwar zeigen in den brieflichen Äußerungen die Zeitangabe »6–8 Wochen« und der Plural »Ferkeldramen«, daß Büchner diesen Wettbewerb nicht als einziges Publikationsziel vor Augen hatte; jedoch wollte er sich beteiligen, und der Termindruck veranlaßte ihn offenbar zu zügigem Arbeiten. Allerdings überschritt er den Termin um »[z]wei

6 Erstmals ausgeschrieben in »Außerordentliche Beilage« zur Augsburger Allgemeinen Zeitung Nro. 24, vom 16. Januar 1836; vgl. u. a. Jan-Christoph Hauschild: Georg Büchner. Studien und neue Quellen zu Leben, Werk und Wirkung. Mit zwei unbekannten Büchner-Briefen. Königstein (Ts.) 1985, S. 343–345; ders.: Georg Büchner. Biographie. Stuttgart/Weimar 1993, S. 529; Thomas Michael Mayer: Zur Datierung von Georg Büchners philosophischen Skripten und *Woyzeck* H 3,1. In: Georg Büchner Jahrbuch 9 (1995–99). 2000, S. 291 f., Anm. 33.

Tage«[7], erhielt das Manuskript zurück und verfolgte jetzt den ursprünglichen, später mehrfach bezeugten Plan, einen Dramenband mit mindestens zwei Dramen zu veröffentlichen. Im Zuge dieser Arbeiten veränderte er das in der Wettbewerbsfassung vermutlich zweiaktige Lustspiel in einen Dreiakter und begann mit der Niederschrift des *Woyzeck*. Über die Arbeitsfortschritte geben zwei Zeugnisse Auskunft. Dem Bruder Wilhelm teilte Büchner am 2. September 1836 mit, er sei »gerade daran, sich einige Menschen auf dem Papier todtschlagen oder verheirathen zu lassen, und bitte den lieben Gott um einen einfältigen Buchhändler und ein groß Publikum mit so wenig Geschmack, als möglich«, wobei sich die Wendung »todtschlagen« natürlich auf *Woyzeck*, »verheirathen« dagegen auf *Leonce und Lena* beziehen läßt. Ludwig Büchner berichtet außerdem, Büchner habe, nachdem er »von zwei fertigen Dramen schon in früheren Briefen gesprochen« hatte, »im September 1836« brieflich mitgeteilt: »Ich habe meine zwei Dramen noch nicht aus den Händen gegeben, ich bin noch mit Manchem unzufrieden und will nicht, daß es mir geht, wie das erste Mal. Das sind Arbeiten, mit denen man nicht zu einer bestimmten Zeit fertig werden kann, wie der Schneider mit seinem Kleid.«[8]

Wenn Büchner »nicht zu einer bestimmten Zeit fertig« wurde, so lag dies nicht nur an der unkalkulierbaren Natur des Dramenschreibens, sondern auch an sonstigen Arbeiten. Büchner überwachte in den Sommermonaten die Drucklegung des *Mémoire* und bereitete sich außerdem auf die Lehrtätigkeit in Zürich vor, wofür er umfangrei-

7 So [Karl Gutzkow]: Kleine Chronik. In: Beurmann's Telegraph. (Neuste Folge.) Nr. 41, September 1837; vgl. Thomas Michael Mayer: Zu August Lewalds »Lustspiel-Preisaufgabe« und zu Datierung und »Vorrede« von »Leonce und Lena«. In: Georg Büchner Jahrbuch 1 (1981), S. 203f.

8 Georg Büchner: Nachgelassene Schriften. [Hrsg. und eingeleitet von Ludwig Büchner.] Frankfurt a. M. 1850, S. 37.

che Manuskripte zu Descartes und Spinoza anfertigte. Am 18. Oktober reiste er nach Zürich ab, hielt dort am 5. November eine Probevorlesung zur Erlangung der akademischen Lehrerlaubnis und las bald danach ein Kolleg über Vergleichende Anatomie der Fische und Amphibien mit dem Titel »Zootomische Demonstrationen«.[9] Daß er gleichzeitig an dem Dramenband weiter arbeitete, belegt ein Brief an seine Verlobte Wilhelmine Jaeglé vom 20. Januar 1837, in dem Büchner von seiner »Freude am Schaffen meiner poetischen Produkte« schrieb und seine Situation mit derjenigen Shakespeares verglich: »Der arme Shakspeare war Schreiber den Tag über und mußte Nachts dichten, und ich, der ich nicht werth bin, ihm die Schuhriemen zu lösen, hab's weit besser.« Woran er in dieser Zeit ›dichtete‹, das war sicher das *Woyzeck*-Drama,[10] daneben aber auch *Leonce und Lena*, denn aus dem von Wilhelm Schulz, dem engen Freund Büchners, am 28. Februar 1837 publizierten »Nekrolog« wissen wir, daß er das Lustspiel »zu Zürich vollendete«.[11] Ludwig Büchner berichtet außerdem, sein Bruder habe »[k]urz vor Beginn der tödtlichen Krankheit« an seine Verlobte geschrieben, er werde »in längstens acht Tagen Leonce und Lena mit noch zwei anderen Dramen erscheinen lassen.«[12] »Diese Briefstelle ist räthselhaft«, kommentierte Ludwig Büchner, und das trifft immer noch zu. Denn entweder liegt der Äußerung ein schwer zu erklärender Irrtum zugrunde, oder aber es ist ein Drama, das Büchner in etwa zwölf Wochen in Zürich geschrieben haben müßte, verschwunden, ohne irgendeine Spur zu hinterlassen. Jedenfalls läßt sich den zitierten Briefstellen

9 Vgl. u. a. Hauschild: Georg Büchner. Studien (s. Anm. 6), S. 400.

10 Vgl. Mayer: Zur Datierung (s. Anm. 6), S. 329.

11 [Wilhelm Schulz]: Nekrolog. In: Schweizerischer Republikaner. Nr. 17, Zürich, 28. Februar 1837. Wiederabdruck in: Georg Büchner: Gesammelte Werke. Erstdrucke und Erstausgaben in Faksimiles. Hrsg. von Thomas Michael Mayer. Frankfurt a. M. 1987, Bd. IX, S. [3].

12 Georg Büchner (s. Anm. 8), S. 39.

entnehmen, daß Büchner um diese Zeit weiter an dem Dramenband arbeitete und daß er das Ende seiner Arbeit daran »in längstens acht Tagen« absah. Die Anfang Februar ausbrechende Typhuskrankheit machte diese Pläne zunichte; Büchner starb an ihr am 19. Februar.

2. Die überlieferten Handschriften

Überliefert sind folgende handschriftliche Bruchstücke (vgl. oben S. 47–55):
1. H1: zwei Doppelblätter in Quartformat, 165–167 × 215 mm;
2. H2: ein Einzelblatt im selben Format;
3. H3: fünf durch spiralförmige Streichungen fast bis zur Unleserlichkeit wieder getilgte Zeilen.

Zu H1 und H2: Das dünne, gelblich-weiße, relativ kräftige Papier maschineller Herstellung (ohne Wasserzeichen) beider Handschriften ist mit einheitlich graubrauner Tinte beschriftet. Das Papierformat – hier zu Quartformat gefaltet – entspricht dem der *Woyzeck*-Foliohandschriften H1 und H2 sowie der Spinoza-Vorlesung Lagen 16–20; die Papiersorte ist eng verwandt mit der der *Woyzeck*-Quarthandschriften H4 und H3 sowie der Spinoza-Vorlesung Lagen 21–22. An diesen drei Handschriften-Konvoluten hat Büchner etwa gleichzeitig, und zwar überwiegend in Straßburg, gearbeitet.[13]

Von Karl Emil Franzos erstmals genutzt,[14] gehörten die beiden Handschriften zum Darmstädter Büchner-

13 Vgl. Mayer: Zur Datierung (s. Anm. 6), S. 313, 325–327, sowie Georg Büchner: Leonce und Lena (s. Anm. 3), S. 221–229.

14 Georg Büchner: Sämmtliche Werke und handschriftlicher Nachlaß. Erste kritische Gesammt-Ausgabe. Eingel. und hrsg. von Karl Emil Franzos. Frankfurt a. M. 1879, S. 117–119.

Nachlaß. Heutige Aufbewahrung: Fondation Martin Bodmer, Bibliotheca Bodmeriana (Cologny-Genève).

Die beiden Doppelblätter von H1 sind ab Doppelblatt I, S. 2 fortlaufend beschriftet und mit p. 1 bis p. 7 paginiert; p. [0] (= Doppelblatt I, S. 1) enthält die »Vorrede«; p. 1 enthält nach der Überschrift »Personen« Platz (jedoch keinen Eintrag) für ein Personenverzeichnis; p. 4 enthält ab Z. 6 der Grundbeschriftung einen Randeintrag (vgl. oben S. 49f.); p. 7 bricht kurz vor dem Ende der ersten Szene mitten im Satz ab.

Das unpaginierte, ohne Rand beschriftete Einzelblatt H2 enthält auf der Vorderseite das Ende des 1. Aktes, dann nach geringem Abstand den Eintrag »II. Act« und den Beginn des Mottos zum 2. Akt (= H2,1), sowie flüchtig geschriebene Notizen, die Büchner für die Szene II/4 verwendete (= H2,2). Es folgt ein Freiraum von ca. 8–10 Zeilen. Auf der Rückseite notierte Büchner einen ersten Entwurf zu der jetzigen Szene III/1 (= H2,3).[15]

Leonce und Lena H1 und H2,1 bilden vermutlich Anfang und Ende eines fortgeschrittenen Arbeitsmanuskripts und sind in dieser Hinsicht vergleichbar mit der Handschrift *Woyzeck* H4. Erste Entwürfe waren vermutlich vorausgegangen; die eigentliche Reinschrift konnte Büchner aus diesem Arbeitsmanuskript ableiten. Daß Büchner ein solches Arbeitsmanuskript nochmals nach der Wettbewerbsreinschrift hergestellt hätte, ist unwahrscheinlich. Vermutlich geht es dieser also voraus und fällt in den Juni 1836. Ob der außerdem auf dem Blatt notierte szenische Einfall (H2,2) und der Szenenentwurf (H2,3) in den Zusammenhang der Wettbewerbsfassung oder der späteren Überarbeitung gehören, ist ungewiß.[16]

15 Vgl. Thomas Michael Mayer: Vorläufige Bemerkungen zur Textkritik von *Leonce und Lena*. In: Burghard Dedner (Hrsg.): Georg Büchner: Leonce und Lena. Kritische Studienausgabe, Beiträge zu Text und Quellen […]. Frankfurt a. M. 1987, S. 89–153, hier S. 95–100.

16 Vgl. Georg Büchner: Leonce und Lena (s. Anm. 3), S. 238–240.

Schwer einzuschätzen ist auch der schon erwähnte Randeintrag H1 p. 4 (oben S. 49f.). Er trägt kein Einweisungszeichen, und es ist daher unklar, ob er als Zusatztext auf der Höhe des Grundtextes, also nach »Nun so wollen wir von etwas Anderm reden.« eingefügt werden sollte oder ob er einen Alternativentwurf darstellt, von dem Büchner annahm, er werde den Grundtext einmal ersetzen können. Für die erste These spricht die Tatsache, daß Gutzkow im Erstdruck d1 in seinem Referat der ersten Szene sowohl Elemente des Grundtextes (Wirthin-Lied, Ameisen) als auch Elemente des Randeintrags (u. a. Blumenduft, Bienen) nennt (oben S. 57f.). Für die zweite These spricht die Tatsache, daß der Grundtext in dem Druck Ludwig Büchners (oben S. 9) nicht mehr auftaucht und daß der Grundtext an dieser Stelle mit dem »Wirthin«-Lied ein Element enthält, das Büchner gleich mehrfach in *Woyzeck* (H1,4; H1,17; H4,10) verwandte. Der Randeintrag in *Leonce und Lena* H1 steht also vermutlich in Zusammenhang mit der Arbeit an *Woyzeck* und wurde von Büchner möglicherweise bereits mit Blick auf die spätere dreiaktige Fassung niedergeschrieben.[17]

Zu H3: diese von Jan-Christoph Hauschild 1985 entdeckten fünf Zeilen sind – anscheinend sorgfältig – auf »ein kräftiges Papier geschrieben [...], wie es Büchner gewöhnlich für Reinschriften benützte« und gehören vermutlich in den Zusammenhang der Wettbewerbsreinschrift.[18] Sie entsprechen – in leicht veränderter Form – einer Replik des Prinzen in der Szene I/3 (oben S. 17,34–18,2). Büchner tilgte die Zeilen wohl wegen eines Schreibversehens (»Valerio« statt »Leonce« in der

17 Vgl. ebd., S. 240–242.

18 Vgl. ebd., S. 227–229. Vgl. auch Georg Büchner: Woyzeck. Faksimileausgabe der Handschriften. Bearbeitet von Gerhard Schmid. Wiesbaden 1981 (manu scripta 1), hier Kommentar, S. 53, Anm. 124.

Sprecherbezeichnung) und verwendete das Papier anschließend als äußeres Doppelblatt der 7. Bogenlage seiner Cartesius-Vorlesung. Aufbewahrung: Goethe- und Schiller-Archiv Weimar (GSA), Büchner-Nachlaß 5: Cartesius, p. 47.

3. Die ersten Drucke

Über Büchners dichterischen Nachlaß berichtete Wilhelm Schulz in seinem »Nekrolog« vom 28. Februar 1837: »In derselben Zeit [d. i. in Straßburg] und später zu Zürich vollendete er ein im Manuskript vorliegendes Lustspiel, Leonce und Lena, voll Geist, Witz und kecker Laune. Außerdem findet sich unter seinen hinterlassenen Schriften ein beinahe vollendetes Drama, sowie das Fragment einer Novelle, welche die letzten Lebenstage des so bedeutenden als unglücklichen Dichters Lenz zum Gegenstande hat. Diese Schriften werden demnächst im Druck erscheinen.«[19] Ein halbes Jahr später nahm Büchners Verlobte Wilhelmine Jaeglé Kontakt zu dem jungdeutschen Schriftsteller Karl Gutzkow auf, der, nachdem er 1835 Büchners Drama *Danton's Tod* veröffentlicht und enthusiastisch besprochen hatte, bis Sommer 1836 mit Büchner korrespondierte und im Juni 1837 einen ausführlichen Nachruf auf Büchner schrieb.[20] Sie schickte ihm Anfang September 1837 »die saubern Abschriften des poetischen Nachlasses Büchners«, nämlich »ein vollendetes Lustspiel Leon[ce] und Lena«, »das Fragment des Lenz und ein Heft

19 Wilhelm Schulz: Nekrolog (s. Anm. 11), S. [3].
20 K[arl] G[utzkow]: Ein Kind der neuen Zeit. In: Frankfurter Telegraph. (Neue Folge.) N° 42–44, Juni 1837; Wiederabdruck in: Büchner: Gesammelte Werke (s. Anm. 11).

von Briefen«.[21] Gutzkow reagierte am 14. September auf den fragmentarischen *Lenz* begeistert, auf *Leonce und Lena* zurückhaltend. »Lenz« sei »ein außerordentlich wichtiger Beitrag zur Literaturgeschichte, den ich vollständig abdrucken lasse«; in dem Lustspiel finde er »Büchners feinen Geist wieder«, jedoch enthalte es »Dinge [...], die im Druck entweder gemildert oder besser ganz übergangen werden.« »Ich will«, so schrieb Gutzkow weiter über die Veröffentlichung des Nachlasses, »Alles, was wir von Büchner auffinden können, in meine Darstellung verweben, so daß ich ihn überall da selbst reden lasse, wo seine Worte so eingerichtet sind, daß er sich ihrer dem Publikum gegenüber als der seinigen würde angenommen haben; das aber, was nicht für den Druck zunächst bestimmt war, verflecht' ich in meine Darstellung.«[22]

In der tatsächlichen Publikation von *Lenz* und *Leonce und Lena* folgte Gutzkow diesem Plan. Die von Büchner hinterlassenen Bruchstücke der Erzählung publizierte er im Januar 1839 »vollständig«,[23] das Lustspiel im Mai 1838 so, daß er Ausschnitte von Büchners Text mit eigenen referierenden Sätzen ›verwob‹ (oben S. 56–60). Drei Gründe sind für diese Publikationsform in Betracht zu ziehen. Wenn Gutzkow (erstens) im Brief von zu mildernden oder zu übergehenden Stellen sprach und wenn er in der Vorrede Büchners »derb[e]« und »politische« »Anspielungen« (oben S. 56) erwähnte, so hatte er Zensurrücksichten im Auge. Ein Teil – freilich auch nur ein Teil – des derart Unterdrückten läßt sich durch Ludwig Büchners Druck d3 restituieren, wie auch umgekehrt einige Zen-

21 So der Bericht in Karl Gutzkow: Georg Büchner. In: Ders.: Götter, Helden, Don-Quixote. Abstimmungen zur Beurtheilung der literarischen Epoche. Hamburg [Mai] 1838, S. 19–50, hier S. 49.

22 Zit. nach der Handschrift GSA; vgl. Hauschild: Georg Büchner. Studien (s. Anm. 6), S. 66.

23 Georg Büchner: Lenz. Eine Reliquie. In: Telegraph für Deutschland. Nr. 5–14, Januar 1839.

sureingriffe Ludwig Büchners durch den Erstdruck wiederhergestellt werden können. Textteile, die beide Herausgeber unterdrückt haben, sind natürlich verloren. – In der Vor- und Nachbemerkung zum Erstdruck ließ Gutzkow (zweitens) erkennen, wie sehr ihm die vermeintliche Romantiknähe und die Bühnenuntauglichkeit des Stücks, die Unmöglichkeit der »Mise en Scene« (oben S. 60), mißfielen. Der Vergleich mit »Ponce de Leon von [...] Brentano«, die Rede von einem »kleinen idyllischen Lustspiel«, vom »zarte[n] Elfenmährchenton«, »bühnenwidrige[n] Mondscheinflimmern der Charakteristik« oder vom »lyrische[n] Übergewicht der Worte über die Handlung« (oben S. 56): all dies waren distanzierende Äußerungen aus der Feder eines Autors, der wenig später eine Reihe bühnenwirksamer Komödien im realistisch-satirischen Stil schrieb und der diese dichterische Praxis auch programmatisch vertrat. – Außerdem hielt Gutzkow (drittens) *Leonce und Lena* für zu wenig ausgefeilt. Das deutete er an in seiner brieflich im September 1837 vorgenommenen Unterscheidung zwischen Stellen in Büchners Schriften, »wo seine Worte so eingerichtet sind, daß er sich ihrer dem Publikum gegenüber als der seinigen würde angenommen haben«, und dem, »was nicht für den Druck zunächst bestimmt war«, und das sagte er ausdrücklich, als er später begründete, warum er »das wirklich nur flüchtig gearbeitete Lustspiel« nicht in Gänze publiziert hatte: »Ich [...] ließ in den Mainummern des Telegraphen diejenigen Stellen aus Leonce u Lena abdrucken, die mir für ein Zeugniß von Büchners poetischen Gaben erheblich schienen. Ich konnte das ganze Lustspiel nicht mittheilen, weil Büchner es in der That ein wenig zu schnell hingeworfen hat u als G a n z e s es selbst seine Freunde nicht würde befriedigt haben.«[24]

24 Brief an Wilhelmine Jaeglé vom 26. Juni 1838, zit. nach der Handschrift GSA; vgl. Hauschild: Georg Büchner. Studien (s. Anm. 6), S. 72.

Gutzkow veröffentlichte *Leonce und Lena* nochmals 1842 in einem nur oberflächlich redigierten Nachdruck (d2) der Erstveröffentlichung, der hier ohne Interesse ist.[25]

In vollständiger Form erschien *Leonce und Lena* in *Nachgelassene Schriften von Georg Büchner*. [Hrsg. von Ludwig Büchner.] Frankfurt am Main: J. D. Sauerländer's Verlag, 1850, S. 151–198 (= d3). Grundlage der Veröffentlichung war eine Handschrift Georg Büchners, die von Luise Büchner, der Schwester, abgeschrieben und von Ludwig Büchner, dem Bruder, redigiert wurde. Die von Gutzkow nur referierten Teile wurden hier erstmals abgedruckt.

Umstritten und für eine Edition von *Leonce und Lena* von entscheidender Bedeutung ist die Frage, ob die Handschrift, die Luise Büchner zur Verfügung stand, mit der von Wilhelmine Jaeglé 1837 abgeschriebenen Handschrift identisch war oder nicht. Gutzkow hatte in Übereinstimmung mit der Handschrift H1 aus der ersten Szene Elemente wie das »Wirthin«-Lied und Valerios Reden über Ameisen referiert (oben S. 57), die in Ludwig Büchners Druck nicht mehr erhalten sind. Die hierfür einfachste Erklärung, daß nämlich Wilhelmine Jaeglé eine frühere, Luise Büchner dagegen eine spätere, weiter bearbeitete Fassung des Lustspiels abgeschrieben hat,[26] hätte zur

25 Karl Gutzkow: Mosaik. Novellen und Skizzen. Leipzig 1842 (Gutzkow: Vermischte Schriften. Bd. 3), S. 97–126.

26 So Bergemann in: Georg Büchner: Sämtliche Werke und Briefe. Auf Grund des handschriftlichen Nachlasses hrsg. von Fritz Bergemann. Leipzig 1922, 686 f., sowie mit ausführlicher Begründung Mayer: Vorläufige Bemerkungen (s. Anm. 15), S. 126–147. Die Annahme, daß die beiden Drucke nur für die erste Szene auf unterschiedlichen Dichterhandschriften, danach aber auf ein und derselben beruhen, vertreten Werner R. Lehmann: Textkritische Noten. Prolegomena zur Hamburger Büchner-Ausgabe. Hamburg 1967, S. 29, sowie – mit verschiedenen Kautelen und widersprüchlichen editorischen Folgerungen – Henri Poschmann (Hrsg.): Georg Büchner: Sämtliche Werke, Briefe und Dokumente in zwei Bänden. Bd. 1: Dichtungen. Bd. 2: Schriften, Briefe, Dokumente. Frankfurt a. M. 1992/99, hier Bd. 1, S. 594 f.

Folge, daß der heutige Herausgeber bei allen Abweichungen zwischen den Drucken d1 und d3 entscheiden müßte, ob sie auf spätere Eingriffe oder aber auf Georg Büchners eigene Bearbeitung zurückgehen. Im zweiten Falle müßte er dem Text in d3 als dem späteren folgen.

Gegen die Annahme zweier Handschriften sprechen folgende Gründe: Es ist schwer erklärlich, warum Wilhelmine Jaeglé, die ja von der Existenz beider Handschriften gewußt haben muß, eine frühere, also bereits überholte Fassung abgeschrieben und für den Druck verschickt haben sollte. Es ist unwahrscheinlich, daß Georg Büchner nach der Wettbewerbsreinschrift zwei weitere vollständige Manuskripte des Lustspiels angefertigt hat, zumal die überlieferten handschriftlichen Fragmente (H1 und H2,1), die vor der Wettbewerbsfassung entstanden sind, über weite Partien mit dem endgültigen Text übereinstimmen. Schließlich sind – abgesehen von der ersten Szene – zu viele der Varianten zwischen den Drucken d1 und d3 durch nachträglichen Eingriff, zu wenige durch Autorkorrektur erklärbar, als daß wir zwingend mit einer zweiten Handschrift rechnen müßten.[27] Dieser Ausgabe liegt die Annahme zugrunde, daß beide Drucke von derselben Dichterhandschrift abgeleitet sind. Diese – so die stützende Zusatzhypothese – war an einigen Stellen noch mehrdeutig und veranlaßte die Abschreiberinnen zu unterschiedlichen Deutungen des Befundes, ein Problem, vor das sich jeder Herausgeber zum Beispiel des *Woyzeck* bis heute gestellt sieht.

27 Vgl. Winfried Woesler: Die Textgestaltung von Büchners *Leonce und Lena*. In: Georg Büchner Jahrbuch 6 (1986/87). 1990, S. 216–232 (hier S. 222–227), sowie die ausführliche Diskussion in Büchner: Leonce und Lena (s. Anm. 3).

4. Basistext der Edition; Variantenkritik

Folgt man der eben vorgetragenen Annahme nur einer Dichterhandschrift, so bleibt für die heutige Edition neben einer Vielzahl von Einzelfragen zunächst das grundsätzliche Problem zu klären, ob ihr der Druck Karl Gutzkows von 1838 oder der Ludwig Büchners von 1850 zugrundegelegt werden soll. Für den Druck von 1850 spricht natürlich dessen Vollständigkeit, und das erklärt, weshalb viele Ausgaben seit Bergemann 1922[28] diesem Druck gefolgt sind, in den sie dann vereinzelte Varianten aus d1 implantierten. Für den Druck von 1838 spricht umgekehrt, daß er Büchners Handschrift zeitlich näher steht und noch nicht die Interpunktions- und Orthographiereform durchlaufen hat, die in den 1840er Jahren in den Setzereien durchgesetzt wurde.[29] Die Zahl dieser Setzereivarianten ist so groß, daß eine Ausgabe wie diese, die Büchners Orthographie und Interpunktion, aber auch seinen Sprachduktus bewahren will, genötigt ist, d1 als Basistext zu wählen und die fehlenden Partien aus d3 zu ergänzen, mit der Folge, daß unterschiedliche Teile des Textes unterschiedlichen Redaktions- und Orthographieregeln folgen. Text, der nur in d3 überliefert ist, folgt den 1850 im Sauerländer-Verlag geltenden Normen, aller übrige Text den Normen der Hamburger Setzerei des *Telegraph* von 1838.

Was man verliert, wenn man d1 nicht als Basistext wählt, sei kurz an einem Beispiel (35,11–19) erläutert.

28 So Bergemann und Poschmann (vgl. oben Anm. 27); die entgegengesetzte Position, der auch diese Ausgabe folgt, vertrat Mayer (s. Anm. 15), S. 147–152. In seiner Ausgabe Georg Büchner: Sämtliche Werke und Briefe. Bd. 1. 4. Aufl. 1974, S. 103–142, hebt Werner R. Lehmann Zusatztext aus d1 durch typographische Markierungen hervor und erweckt so den Eindruck, als habe er d3 als Basistext gewählt. Tatsächlich aber folgt er in den meisten Fällen den Varianten in d1. Vgl. Mayer: Vorläufige Bemerkungen (s. Anm. 15), S. 149f.

29 Vgl. Mayer: Vorläufige Bemerkungen (s. Anm. 15), S. 123f.; Büchner: Leonce und Lena (s. Anm. 3), S. 312–329.

In d1 sagt der Schulmeister: »Steckt Eure Tannenzweige grad vor Euch hin, daß man meint Ihr wärt ein Tannenwald […]«. Darauf sagt der Landrat: »Und Schulmeister, Ihr stehet vor die Nüchternheit.«

In d3 sagt der Schulmeister: »Streckt Eure Tannenzweige gerade vor Euch hin, damit man meint Ihr wäret ein Tannenwald […]«. Darauf der Landrat: »[…] Ihr steht vor die Nüchternheit.«

Mit dem südhessisch geläufigeren »Streckt« dürfte d3 den besseren Text haben. Mit den Varianten »gerade« für »grad«, »damit« für »daß«, »wäret« für »wärt« entfernt sich d3 dagegen im gleichen Maße von Büchners Sprachgebrauch, wie es sich einem schulmäßigen Hochdeutsch annähert, und mit dem wiederum schulgerechten »steht« für »stehet« geht in d3 eine die Person und die Situation charakterisierende kanzleisprachliche Einfärbung verloren.

Das Beispiel zeigt zugleich, daß wir – trotz der Grundsatzentscheidung für d1 – diesem Druck nicht mechanisch folgen. Vielmehr wurden alle Varianten zwischen d1 und d3 auf ihre mutmaßliche Identität mit oder Abweichung von Büchners Originaltext untersucht. Begründungen für die jeweilige Entscheidung zugunsten von d1 oder von d3 werden im Band *Leonce und Lena* der Marburger Büchner-Ausgabe[30] mitgeteilt; hier sind nur einige Hinweise zu geben.

Setzereivarianten

Die weitaus größte Menge der Varianten betrifft, wie schon gesagt, Orthographie- und Interpunktionsregeln und geht meist auf Setzereingriffe zurück. Beide Setzereien modernisierten in gleicher Weise grundsätzlich – jedoch nicht ausnahmslos – bestimmte Schreibgewohnhei-

30 Siehe Anm. 3.

ten Büchners, so dessen Schreibung »dieß/e/er/es« (vgl. aber 38,8 »dieß« d3), Doppelvokale wie in »Quaal«, »seelig« oder auch die Schreibung »-inn« wie in »Dienerinn« (vgl. aber 42,13 »Prinzessinn« d3). d3 modernisierte oder normalisierte darüber hinaus unter anderem »ey« zu »ei« (z. B. »seyn« zu »sein«), »giebt« zu »gibt«, 25,18 »Gränze« zu »Grenze«, 38,5–9 »kompromitiren« zu »kompromittiren«, außerdem Großschreibung nach Komma. Überaus häufig und akustisch folgenreich sind Eingriffe bei optionalem ›e‹ in Fällen wie 6,8 »Staatsraths« d1 »Staatsrathes« d3, 30,4f. »an einem [...] Wintertag den« d1 »an einem [...] Wintertage den« d3 (aber umgekehrt 25,1 »Tage und« d1 »Tag und« d3), 43,12 »Wiedersehn« d1 »Wiedersehen« d3, 29,31 »andern« d1 »anderen« d3, 22,14 »Zaubrer« d1 »Zauberer« d3. Dem entspricht Apostrophierung in Fällen wie 41,23 »Fang an« d1 »Fang' an« d3. Unter Modernisierung und Normalisierung fallen auch Varianten wie 40,2 »hiemit« d1 »hiermit« d3 oder Flexionsvarianten wie 18,34 »Niemand« d1 »Niemanden« d3, 24,25 »deine gröbere materielle« d1 »deine gröberen materiellen« d3, 37,22 »Erster Bediente« d1 »Erster Bedienter« d3, 40,14 »einen Herr« d1 »einen Herrn« d3. Ebenso auch 15,10, 35,12, 35,16 »daß« d1 »damit« d3, 19,22 »Ihro« d1 »Ihre« d3, 24,16 »stünde« d1 »stände« d3, 32,11f. »ringt [...] sich [...] entgegen« d1 »ringt [...] sich [...] mir entgegen« d3, 40,28 »gute Verdauung« d1 »eine gute Verdauung« d3.

Was die Interpunktion angeht, so ist das Deutsch des 19. Jahrhunderts auf dem Wege von einer Kommasetzung nach Sinneinschnitten zur grammatikalischen Kommasetzung, eine Entwicklung, die sich bei Büchner schon andeutet, die jedoch in den Drucken und vor allem im Druck d3 wesentlich verstärkt wird. Von begründeten Ausnahmen abgesehen folgen wir deshalb der Interpunktion in d1.

Abschreibvarianten

Beim Abschreiben entstandene Varianten sind vor allem in drei Bereichen zu vermuten: bei nicht eindeutigen Zeichen Georg Büchners, bei Abkürzungen und bei Alternativvarianten.

Zum ersten Bereich gehören Varianten wie 11,19 »Ha« d1 »He« d3, 39,26 und 42,5 »denn« d1 »dann« d3, 21,7 »lästige« d1 »lustige« d3, 31,9f. »draußen« d1 »da außen« d3, 41,7 »einzige« d1 »winzige« d3, aber auch Varianten bei (möglicherweise verschliffenen) Endungen wie 26,18 »keine Eremiten [...] keine Schäfer« d1 »keinen Eremiten [...] keinen Schäfer« d3, 27,21 »Weinblumen« d1 »Weinblume« d3. Hierzu gehört weiterhin die Variante 44,6 »kommende Religion« in d3, an einer Stelle, die Büchners Freund Wilhelm Schulz 1851 – und sicher zu Recht – als »kommode Religion« wiedergab.[31] Hier hatte Luise Büchner offenbar den Text verlesen.

Bei den Varianten 27,21 »über dem Kelch« d1 »über den Kelch« d3 oder 26,26 »über den Wiesen« d1 »über die Wiesen« d3 hatte Büchner möglicherweise den Artikel zu »d.« abgekürzt, so daß die Abschreiberinnen über den Kasus zu entscheiden hatten.

Wahrscheinlich enthielt das Manuskript schließlich noch Randeintragungen, sogenannte ›Alternativvarianten‹, über deren Verwendung – Ersatz für Text in der Grundschicht; Zusatz zu Text in der Grundschicht; vorläufige Randnotiz – der Autor noch nicht entschieden hatte. Dies ist sicher der Fall bei dem Randeintrag in H1 (oben S. 49f.) und mag die Unterschiede zwischen dem

31 Wilhelm Schulz: Rezension zu *Nachgelassene Schriften von G. Büchner*. In: Deutsche Monatsschrift für Politik, Wissenschaft, Kunst und Leben. Jg. 2, Februar 1851. Wiederabdruck in: Walter Grab / Thomas Michael Mayer (Mitarb.): Georg Büchner und die Revolution von 1848. Der Büchner-Essay von Wilhelm Schulz aus dem Jahr 1851. Text und Kommentar. Königstein (Ts.) 1985, hier S. 62.

Referat in d1 (oben S. 57) und dem Text in d3 erklären helfen. Mit ähnlichem ist zu rechnen in der Szene II/4, wo d1 an drei Stellen (31,13f., 31,23–25 und 32,15) zusätzlichen Text enthält, ohne daß sich eine – z. B. zensurbedingte – Tilgung dieser Stellen durch Ludwig Büchner oder ein Zusatz Karl Gutzkows wahrscheinlich machen läßt.

Herausgebereingriffe

Die Mehrzahl der eigentlichen Wort- und Sinnvarianten geht wahrscheinlich auf Eingriffe der beiden Herausgeber, und zwar vor allem auf deren unterschiedliche Dezenznormen und stilistische Vorlieben sowie auf ihre Einschätzung der Zensurbedingungen zurück. Karl Gutzkow war im November 1835 wegen angeblicher Verstöße gegen die Sittlichkeit in seinem Roman *Wally, die Zweiflerin* denunziert und zu einer Haftstrafe verurteilt worden, so daß er gerade in dieser Hinsicht besonders vorsichtig auftreten mußte. Er hielt unter anderem folgende Stellen für tilgungs- oder veränderungsbedürftig: die Namen der Fürstentümer »Pipi« und »Popo« (letzteres im Personenverzeichnis zu 6,2 »Po-Po« abgemildert); 19,10–14: Anspielung auf Körperfunktionen und -zustände wie »Pissen«, »Verhaltung«, »Schlagfluß«; 19,31–20,2: Anspielung auf Körperzustände wie »Leibweh« und das folgende »A propos«, das durch den Rückbezug zu »Leibweh« den Sätzen 20,1f. »hatten Sie nicht noch etwas auf der Zunge? Geben Sie nur Alles von sich« einen zusätzlichen physischen Sinn gibt; indezente Körperhaltung in 20,13: »(Er spreizt die Beine auseinander.)«; 21,2–4: Definition von »Heirathen« als »einen Ziehbrunnen leer trinken« und Anspielung auf die »Uhr« des »alte[n] Shandy« als möglicher Angriff auf die Ehe; 25,33–26,5: ›Derbheiten‹ wie »betrunken«, »geschwitzt«, »Leichdörner gelaufen« und die wiederholte Nennung von »Hosen«; 27,31–33: Anspielungen auf Tod und Geburt in »Kinderrassel [...], die mir erst aus der Hand fällt, wenn ich Flocken lese und an der Decke zupfe« sowie 28,5 »Geburtsschmerzen«; 29,3 »weiland Waden« d3 und 44,5 »Leiber« d3, wofür er »Füße« und »Gestalten« einsetzt; Derbheiten und vielleicht auch politische Anspielungen in 36,11 »Cocarden« und 36,9f. »Löcher in unseren Jacken und Hosen«; sexuelle Anspielung in 36,21–23, wo von den »zwölf Unschuldigen« gesagt wird, daß sie »das horizontale Verhalten dem senkrechten vorzöge[n]«, sowie in 37,11 »die Dardanellen«; Hinweis auf Dezenzregeln in 40,29–33: »Sie haben ein feines sittliches Gefühl« bis »hinauf oder vor ihm hinunterzugehen«.

Ludwig Büchner, Einwohner der Residenzstadt Darmstadt, hielt offenbar eine Abmilderung bestimmter satirischer Angriffe auf das politische System des Spätabsolutismus im allgemeinen und den Darmstädter Hof im besonderen für geboten, und strich deshalb Stellen wie 12,5f. »Ich wollte mich an mein Volk erinnern!« Ebenso strich oder milderte er Stellen, in denen die Herrschenden durch die Betonung ihrer Körperlichkeit oder durch ›vulgäres‹ Verhalten degradiert werden, was ihn zu besonders rigorosen Eingriffen in die Lever-Szene (I/2) und die Ankunftszene (III/3) veranlaßte. Ludwig Büchner strich 11,10 »fast nackt«, 11,14 »pfui!« und »davorn«, also die entblößte Präsentation der Majestät, und er milderte das in d1 Überlieferte 11,13f. »ist mein Hemd, meine Hose« mit der Variante »sind meine Schuhe, meine Hosen« d3. In der Szene III/3 strich er die Stelle 36,26–32, wo der Ceremonienmeister beim Blick auf die Festversammlung darüber nachdenkt, daß die »Buben einmal das Wasser abschlagen« sollten und daß der Hofprediger »alle Kammerherrn in Kammerstühle», also in Nachtstühle, ›verwandle‹, während sich ein Bedienter beim gleichen Anblick 36,33–37,1 an »abgestanden[es]«, also verdorbenes, »Fleisch« erinnert fühlt. Bezeichnend für Ludwig Büchners Scheu vor dem ›Vulgären‹ – im Zusammenhang mit ›Schneuzen‹ – ist die Streichung von 35,28f. »mit den Fingern« und der Wendung 27,27 »daß man sich die Nase mit Hülfe der Hände putzt [...]«. Ähnlichen Dezenznormen verdanken sich vermutlich die Varianten 26,7 und 29,6 »Mund« für »Maul«, 32,34 »Ungeziefer« für »Flöhe«, die Streichung von 24,27 »Ihnen denselben scheeren [...] ließ«, wo Ludwig Büchner vielleicht die mögliche Anspielung auf eine psychiatrische Behandlung mißfiel, oder auch von 26,27 »Kukuksblumen«, einer seinerzeit obszöne Assoziationen weckenden Blumensorte. Den Satz 31,4–6 »Es ist eine schöne Sache um die Natur, sie ist aber doch nicht so schön, als wenn [...]« fand Ludwig Büchner anscheinend ungelenk, und er verbesserte ihn zu »[...] wäre aber doch noch schöner, wenn [...]«.

In einigen Fällen läßt sich zwischen den Varianten d1 und d3 keine begründbare Entscheidung treffen. In diesen Fällen folgen wir dem Text in d1.

5. Zu dieser Ausgabe

Der Text der vorliegenden Ausgabe folgt der Edition:

Georg Büchner: Sämtliche Werke und Schriften. Hist.-krit. Ausg. mit Quellendokumentation und Kommentar (Marburger Ausgabe). Im Auftrag der Akademie der Wissenschaften und der Literatur, Mainz, hrsg. von Burghard Dedner und Thomas Michael Mayer. Bd. 6: Leonce und Lena. Hrsg. von Burghard Dedner unter Mitarbeit von Arnd Beise und Eva-Maria Vering. Text bearb. von Burghard Dedner und Thomas Michael Mayer. Darmstadt: Wissenschaftliche Buchgesellschaft, 2003

Diese fußt auf dem Erstdruck d1 von 1838 als Basistext:

Leonce und Lena. Ein Lustspiel von Georg Büchner. [Hrsg. von] K[arl] G[utzkow]. In: Der Telegraph für Deutschland. Hamburg: Hoffmann u. Campe. Erster Band. Nrn. 76–80, [etwa 10.–19.] Mai 1838. S. 601–605, 609–613, 621–624, 629–631, 635–640.

Text aus diesem Druck erscheint in Antiquaschrift.

Wo immer d1 keinen oder weniger Text enthält als d3 oder wo immer d3 den besseren Text enthält, wurden in diesen Basistext Teile aus dem Druck d3 von 1850 eingefügt:

Leonce und Lena. Ein Lustspiel. In: Nachgelassene Schriften von Georg Büchner. [Hrsg. von Ludwig Büchner.] Frankfurt am Main: J. D. Sauerländer's Verlag. 1850. S. 151–198.

Text aus diesem Druck erscheint in Groteskschrift.

Die »Ausgewählten Varianten zwischen den Drucken d1 und d3« (oben S. 61–67) verzeichnen (a) alle Wortlautvarianten, (b) sämtliche Varianten, bei denen die Edition dem Text in d1 nicht folgt.

Die Ausgabe bietet außerdem die Entwurfshandschriften H1 und H2 (oben S. 47–55; vgl. dazu die Erläuterungen oben S. 73–76) sowie die referierenden Teile des Erstdrucks einschließlich der Vor- und Nachbemerkung (oben S. 56–60; vgl. dazu die Erläuterungen oben S. 76–78).